당신 안에 이미 있는 힘을 믿습니다

강점관점 해결중심 실천 사례 이야기

조소연 · 강미경 · 김형태 편저
노혜련 감수

학지사

머리말

"당신 안에 이미 있는 힘을 믿습니다."

사회복지를 비롯한 휴먼서비스 실천가들은 늘 묻습니다.

"우리는 사람들의 진짜 변화를 돕고 있는가?"

삶을 바꾸기 위해 우리는 오랫동안 '문제'를 진단하고, 전문가의 처방을 따라 왔습니다. 하지만 그 길 위에서 마주한 것은 종종 실패와 좌절이었습니다. 좋은 뜻으로 시작했지만, 과연 우리가 돕는 방식은 정말 옳았을까? 인간존엄과 사회정의를 이야기하면서도, 우리는 언제부터인가 그 가치를 놓치고 있던 것은 아닐까?

그 물음에 새로운 길을 제시해 주신 분이 있습니다. 노혜련 교수님께서는 우리에게 이렇게 가르쳐 주셨습니다.

"도움을 필요로 하는 사람이 아니라, 이미 힘을 가진 사람으로 바라보라."

30여 년간 교육 현장에서 교수님은 늘 강조하셨습니다. 사람 안에는 이미 변화의 씨앗이 있으며, 우리가 해야 할 일은 그것을 '찾고' '비추고' '함께 키워 내는' 일이라고 말입니다. 그 가르침은 단순한 철학을 넘어, 수많은 실천가의 손과 마음을 통해 구체적인 변화로 이어졌습니다.

이 책은 그러한 여정의 결과입니다. 숭실대학교의 '강점관점 실천'과 '강점관점 실천실기' 수업에서 씨앗을 품은 23명의 제자가 각자의 현장에서 꽃을 피워 낸 이야기. 그들은 "무엇이 가능할까?"를 묻고, "지금 있는 것에서 시작하자."라는 믿음으로, 사람과 가족, 지역사회 안에 숨어 있던 가능성을 끌어냈습니다.

이 책은 총 다섯 개의 영역, 22편의 실천 사례로 구성되어 있습니다. 양육에 어려움을 겪던 미혼모가 자립의 길을 열고, 입양가정의 부모는 기다림을 배워 자녀와의 관계를 회복했습니다. 사회와 단절되었던 청년은 자신의 이야기를 꺼내며 삶을 다시 붙잡았고, 범죄 피해와 중독, 고립 속에서도 누군가는 작은 질문 하나에 다시 일어설 힘을 얻었습니다. 그리고 그 곁엔, 언제나 사람을 '문제'가 아닌 '가능성'으로 바라본 실천가가 있었습니다.

이 책에 담긴 이야기는 특별한 사람들의 특별한 성공담이 아닙니다. 누구나 일상에서 마주할 수 있는 '삶의 단면'이며, 그 속에서 강점관점 실천이 어떻게 숨 쉬고 작동하는지를 보여 주는 작고 강한 증거입니다.

우리는 실천을 통해 배웠습니다. 어쩌면 가장 힘들고 낙심한 순간에도, 누군가 자신의 이야기에 귀 기울여 주고, 보이지 않는 가능성을 함께 믿어 주었을 때, 사람은 다시 일어날 수 있다는 것을. 실천은 단순한 '도움'을 넘어, 함께 성장하고, 관계 속에서 희망을 회복해

가는 동행임을 깨달았습니다. 그리고 그 모든 시작과 끝에는 언제나 존중과 신뢰가 있었습니다.

인본주의 심리학자 칼 로저스(Carl Rogers)는 다음과 같이 말했습니다.

"누군가가 자신의 말을 깊이 들어 주고 있다고 느낄 때, 사람들은 거의 항상 눈물을 흘립니다. 가치 있는 사람이 되기 위해 뭔가 실제로 성취한 것을 보여 주어야만 하는 것은 아닙니다. 우리는 석양을 보며 '오른쪽의 주황빛을 조금 줄였으면 좋겠어.'라고 말하지 않습니다. 그저 경이로움 속에서 바라볼 뿐입니다. 사람을 대하는 일도 그렇습니다. 변화시키려 하지 않고 있는 그대로 지켜볼 때, 그 순간 비로소 진정한 이해가 이루어지고, 새로운 자유가 열립니다."

강점관점 실천은 바로 이와 같습니다. 문제나 어려움 속에서도, 이용자[1]가 자기 내면에 간직한 강점과 주변의 자원을 발견할 수 있도록 돕는 것이 실천가의 역할입니다. 자기 안에 있는 빛나는 보석을 발견하는 일은 진정한 자기 자신이 되는 여정이며, 그것이 곧 변화의 시작입니다.

이 책의 출판이 가능하도록 현장에서 묵묵히 실천하며 귀한 경험을 나눠 주신 모든 실천가 여러분께, 그리고 그 변화의 길을 함께 걸어 준 수많은 이용자 여러분께 진심으로 감사드립니다. 무엇보다,

1 '이용자'란 사회복지 현장에서 일반적으로 사용하는 '서비스 이용자'를 말하며, '클라이언트' '당사자' '내담자' '참여자' 등과 같은 의미의 용어로서, 이 책에서는 맥락에 따라 필요한 경우를 제외하고 '이용자'란 용어로 통일하여 사용하였다.

이런 실천이 가능하도록 첫길을 열어 주신 노혜련 교수님께 이 책을 바칩니다. 교수님의 가르침이 더 많은 이들에게 닿아, 사람을 바라보는 시선이 바뀌고, 그 시선이 또 다른 변화를 이끌어 가기를 소망합니다.

사람을 있는 그대로 존중하며, 그 안에 이미 있는 힘을 믿었던 노혜련 교수님께 감사와 존경, 사랑의 마음을 담아 이 책을 드립니다.

2026년 2월

강점관점 해결중심으로 실천하고 연구하며 가르치는 엮은이 일동

이 책의 활용

이 책은 사람의 변화 가능성을 믿고, 그 가능성을 발견하고 실현하고자 하는 모든 분을 위한 실천 안내서다. 사회복지사, 교사, 상담가 등 휴먼서비스 분야에서 일하는 실천가는 물론, 사람 안에 숨어 있는 힘을 믿고 그것을 삶에 적용해 보고 싶은 일반 독자들에게도 이 책은 활짝 열려 있다.

이 책의 중심에는 '강점관점(strengths perspective)'과 '해결중심(solution-focused)' 실천이 자리하고 있다. 이 두 접근법은 사람이나 상황의 결핍보다 가능성에 주목하고, 이미 가지고 있는 자원과 경험에서 해결의 실마리를 찾아가는 방식이다.

해결중심 실천의 핵심은 '질문'이다. 문제를 분석하기보다 예외, 변화, 회복 가능성을 중심으로 대화를 이끌어 나간다.

"문제가 없던 때는 언제였나요?"
"지금보다 조금 더 나아지려면 어떤 점이 달라지면 좋을까요?"
"그동안 어떻게 이겨 내 오셨나요?"

이 책은 이런 질문들과 실천 방식을 실제 사례를 통해 구체적으로 보여 준다. 그리고 현장에서 바로 적용할 수 있도록 돕는다.

이 책은 다음과 같은 흐름으로 구성되어 있다.

실천의 철학과 원리

강점관점과 해결중심 실천의 기본 개념과 핵심 철학을 쉽게 풀어 설명한다. 실천 이전에 '왜 이러한 관점이 중요한가?'에 대해 함께 생각해 볼 수 있도록 구성했다.

다섯 개 실천 분야, 22개의 사례

실제 현장에서의 경험을 바탕으로 구성된 사례들을 통해, 실천의 구체적인 방법과 질문, 변화의 흐름을 살펴볼 수 있다.[1]

다양한 가족을 위한 실천

경제적 어려움 속에서도 자녀를 키우는 양육미혼모, 입양 후 자녀와의 관계에 어려움을 겪다 회복한 입양가정, 수감 중에도 지역사회 정착을 꿈꾸던 해외입양인, 그리고 자녀의 강점을 새롭게 발견하게 된 부모상담 사례까지, 가족이라는 다양한 형태 속에서 희망을 발견한 이야기들을 담았다.

1 이 책의 사례는 이용자가 드러나지 않도록 가명을 사용했고, 맥락에 따라 내용과 배경을 일부 각색하기도 했다.

지역사회에서의 실천

친구와 어울리기 어려웠던 아이가 '기적의 순간'을 떠올리며 자신감을 회복한 이야기, 마술을 통해 삶의 의미를 찾도록 도운 학교사회복지사의 실천 경험, 학교와 지역사회 기관 간 협력을 통해 문제해결의 실마리를 찾은 사례, 그리고 종합사회복지관, 장애인복지관 등 지역 기반 실천 속에서 삶의 의미를 되찾은 사람들의 여정이 담겨 있다.

위기상황에서의 실천

삶의 의미를 놓아 버린 은둔 청년의 변화 이야기, 예외에 집중하면서 반복되는 음주와 자살 충동에서 벗어나기 시작한 사례, 범죄피해자와 아동을 학대한 부모 등 위기 가족들의 회복 여정을 통해, 강점관점 해결중심 실천이 위기 상황에서도 유용하다는 점을 보여 준다.

보호서비스와 자립을 위한 실천

가족과의 관계를 다시 잇고 회복해 가는 시설 아동 이야기, 감정조절이 힘든 쉼터 청소년의 변화 사례, 여전히 어려운 상황에서도 삶을 다시 시작하려는 자립청년까지, 이들은 실천가의 기다림과 대화 속에서 스스로 삶의 방향을 다시 그려 나가기 시작한다.

다양한 영역에서의 실천

이혼 과정에서 자녀를 위해 새로운 선택을 한 부부 이야기, 이주민의 문화적 다양성을 발견하고 활용한 실천 사례, 돌봄기관 간 갈등을 강점으로 변화시킨 공공기관의 실천 사례, 어르신의 강점에 초점을 두고 일한 사회적 기업 이야기, 강점관점 해결중심을 토대로 한 슈퍼비전 사례 등은 이 실천이 특정 분야를 넘어서 다양한 영역에서도 적용 가능하다는 사실을 보여 준다.

실천의 함의와 원리 정리

각 사례 속에서 발견한 원리와 교훈을 정리하면서, 실천가가 자신의 현장에서 어떻게 적용해 볼 수 있을지 방향을 제시한다.

이 책은 이렇게 활용할 수 있다.

실천가를 위한 실용서로

사례관리, 상담, 교육 현장에서 바로 적용 가능한 강점관점 해결중심 실천의 방법을 사례 중심으로 익힐 수 있다. 특히 사회복지기관, 학교, 병원, 공공기관에서 일하는 실천가들에게는 실제 이용자와 마주할 때 사용할 수 있는 질문, 접근 방식, 대화의 예시를 제공한다.

전문 학습 자료로

사회복지학, 상담심리학 등 관련 과목의 수업에서도 활용할 수 있다. 수업 중 사례를 활용해 토론이나 실습 활동을 진행하면 더 효과적이다. 특히 이 책은 『강점관점 해결중심 사례관리』(2020, 학지사, 노혜련, 김윤주 공저)와 함께 읽으면 이해와 적용이 더욱 깊어진다.

워크숍과 집단교육용 자료로

강점관점과 해결중심 실천에 대한 직무연수, 집단교육, 집단슈퍼비전 등의 장면에서도 유용하게 활용할 수 있다. 각 사례는 질문을 중심으로 구성되어 있어, 실천가들끼리 어떻게 풀어 나갈지 연습하고 훈련하는 데 도움이 된다.

☕ 일반 독자를 위한 자기이해와 관계 회복의 도구로

이 책은 일상에서 갈등을 경험하거나 새로운 변화를 원하는 사람들에게도 도움이 된다. 부모–자녀, 부부, 교사–학생, 직장 내 관계 등 다양한 인간관계를 '다르게 바라보는' 새로운 시각을 얻을 수 있다.

이 책을 가장 잘 활용하는 법은 다음과 같다.

그냥 읽지 말고, 질문을 따라가며 읽어 보자

각 사례에서 등장하는 질문을 '나 자신' 또는 '내가 돕고 있는 사람'에게 적용해 보면, 단순한 독서가 아니라 실제 실천이 시작된다.

비슷한 상황의 사례를 중심으로 읽어 보자

자신의 업무나 관심 분야에 따라 관련된 사례부터 읽고, 그 안에 담긴 질문들을 활용해 보면 더 빠르게 실천에 접목할 수 있다.

동료와 함께 읽고, 함께 토론해 보자

팀 회의, 스터디, 집단 슈퍼비전 시간에 사례를 나누고, "내가 이 상황이라면 어떻게 실천할까?"를 함께 고민해 보는 것도 좋은 방법이다.

작은 질문 하나가 사람의 인생을 바꿀 수 있다. 그 질문을 함께 만들고, 여정을 함께 걷는 데 이 책이 실질적인 길잡이가 되어 주길 바란다.

차례

강점관점 해결중심 실천 사례

I. 다양한 가족을 위한 실천

Ⅱ. 지역사회에서의 실천

III. 위기 상황에서의 실천

IV. 보호서비스 분야에서의 실천

강점관점 해결중심 실천의 이해

강점관점의 이해

선택의 연속, 관점의 선택

우리 삶은 정말 수많은 선택의 순간들로 가득 차 있다. 아침에 눈을 뜨자마자 '지금 일어날까, 조금만 더 잘까'를 고민하고, 추운 날씨에 '운동을 나갈까, 그냥 쉴까'를 망설이기도 한다. 점심시간에도 '건강식을 먹을까, 간단하게 때울까'를 생각하며 우리는 하루에도 수십 번씩 선택을 한다. 대인관계에서도 마찬가지다. 아이가 놀자고 할 때 "나 바빠!"라고 단호하게 말할 수도 있고, "지금은 어렵지만 다음엔 꼭 같이 놀자."라고 말할 수도 있다.

강점관점도 그렇다. 우리는 늘 선택할 수 있다. 문제와 결핍에 집중할지, 아니면 강점과 가능성에 집중할지를 말이다. 단점에 집중하면 단점만 더 도드라져 보이지만, 강점에 집중하면 가능성이 눈에 들어오기 시작한다. 어떤 관점을 선택하느냐에 따라 우리의 태도도, 상대방의 반응도 달라진다.

강점관점: 기술을 넘어선 삶의 태도

강점관점은 기술이나 문제 해결방법이 아니다. 사람을 어떻게 바라보는지, 어떤 태도를 갖고 일상을 살아가는지가 더 중요하다. 강점을 보는 시선은 훈련을 통해 길러진다. 반복해서 연습하다 보면, 어느새 사람 안에 있는 자원과 가능성이 먼저 보이기 시작한다.

실천가라면 변화가 불가능해 보이는 상황에서도 그 사람 안에 있는 회복력과 잠재력을 놓치지 않아야 한다. 변화는 외부에서 오는 특별한 기적이 아니라, 자신이 가진 가능성을 스스로 발견하는 과정에서 생겨난다. 모든 게 꽉 막힌 상황에서 하늘에서 동아줄이 내려오길 바라지만, 사실 그 동아줄은 이미 우리 안에 있다. 희망을 볼 수 있는 힘, 강점을 발견할 수 있는 능력, 그게 바로 꽉 막힌 상황을 탈출할 수 있는 동아줄이다.

관점에 따라 달라지는 해석

같은 상황이라도 어떤 사람은 문제로 보고, 또 다른 사람은 가능성으로 본다. 폭력적인 행동이나 자해, 중독 같은 것도 '고쳐야 하는 행동'이기 이전에 '도와달라'는 메시지일 수 있다. ADHD 아동을 30년 넘게 가르친 대안학교 교사 크리스 메르코글리아노(Chris Mercogliano)는 이런 행동을 아이들의 '구조 요청'이라고 본다.

> "이 아이가 지금 보내는 신호는 '반항'이 아니라, '구조'를 원한다는 것입니다. 즉, '누군가 나를 잡아 주고, 지켜봐 주길 바란다'는 구조 요청입니다."

실천가는 이처럼 겉으로 보이는 모습에만 머무르지 않고, 그 안에 담긴 메시지를 해석하려고 노력해야 한다.

판단을 멈추는 연습

아우슈비츠 생존자인 정신과 의사 빅터 프랭클(Viktor Frankl)은 "비정상적인 상황에서 비정상적인 반응을 보이는 것은 정상"이라고 했다. 이처럼 극단적인 상황에 놓인 사람은 우리가 상상할 수 없는 방식으로 반응할 수밖에 없다. 인간이 고통과 상실, 두려움 속에서 보이는 혼란스러운 반응을 '병적'이라고 보아서는 안 된다는 것이다. 실천가는 그런 행동을 자기 기준으로 판단하기보다는, 그 사람이 처한 상황과 관점에서 이해하려는 태도를 갖추어야 한다. 또한 누구나 자신이 직면한 상황에서 자신이 할 수 있는 최선을 다한다는 믿음을 갖는 것이 중요하다. 결국 실천가에게는 편견을 내려놓는 연습이 필요하다. 감정을 걷어 내고 있는 그대로를 보는 훈련, 더 나아가 지금 당장 보이지 않더라도 모든 인간이 가진 회복력을 믿고 보는 훈련 말이다. 그래야 인간의 진짜 모습을 만날 수 있다.

관계 맥락 속 강점 이해

오랫동안 가난과 실직, 가족 해체를 겪어 온 사람이 보이는 반응은 그럴 만한 맥락이 있다. 겉으로 보아서는 이해되지 않는 행동들도 이야기를 들어 보면 이해할 수 있게 된다. 삶의 고통 속에서 자신을 해치고 싶어 하는 은둔청년, 한때 성공을 맛봤지만 지금은 삶의 의지를 잃은 노인, 외로움을 잊기 위해 술에 기대며 하루를 버티는 노숙인, 그들의 이야기에 귀 기울이다 보면, 어느새 마음 깊은 곳에서 공감이 일어난다. 소리를 지르며 위협하는 아빠에게서도 사실은 연약한 인간의 모습을 볼 수 있다. 말도 안 되는 행동을 하는 아이에게서도 '제발 나 좀 도와줘.'라는 절박한 마음이 느껴지기도 한다. 누구나 좋은 사람이 되고 싶어 하고, 인정받고 싶어 한다. 부모는 자식을 사랑하고 자식은 사랑받기를 원한다. 강점관점은 바로 그 인간의 가능성과 건강함을 바라보는 시선이다. 겉으로는 냉소와 분노로 가득 차 있어도, 그 안에는 사람답게 살며 존중받고 싶은 마음이 분명히 있다. 실천가는 이 신호를 읽어 내고, 그 안에 있는 가능성에 불을 밝혀야 한다.

해결중심의 이해

해결중심 실천에는 몇 가지 중요한 철학이 있다.

첫째, 이용자가 문제로 여기지 않으면 개입하지 않는다. 실천은 실천가 중심이 아니라 언제나 이용자 중심이어야 한다. 문제의 정의도, 해결의 방향도 이용자에게서 출발해야 한다. 그래야 진짜 변화가 가능하다.

둘째, 효과가 있는 방법은 계속하고, 효과가 없는 방법은 과감히 바꿔야 한다. 아무리 정성을 들여도 열리지 않는 문이라면, 열쇠를 바꿔야 한다. 해결방법도 마찬가지다. 되지 않는 걸 계속 반복할 필요는 없다. 다른 접근을 찾아보는 게 현명하다.

해결중심 실천은 이 철학을 바탕으로 다음과 같은 원리를 가지고 있다.

- 정신건강 강조: 문제보다는 그 사람이 해낸 성공의 경험에 주목한다. 매일 술을 마시는 사람도 어느 날은 술을 참아 본 날이 있을 것이다. 그러한 예외의 지점에서 시작해서 성공 경험을 늘려

가는 방식이다.

- 강점과 자원의 활용: 문제를 고치려 들기보다는, 이미 가지고 있는 강점과 자원을 찾고 그것을 확대시킨다.
- 이론보다 이용자의 견해를 중시: 어떤 이론도 모든 사람에게 맞지는 않는다. 실천가는 어떤 가정도 하지 않고, 이용자가 느끼고 생각하는 그대로를 존중한다.
- 간략화: 복잡한 문제라도 해결방법은 단순할 수 있다. 도미노 한 개가 무너지면 줄줄이 무너지듯, 작은 변화가 큰 변화를 만든다. 그래서 실현 가능한 작은 목표부터 시작하는 게 중요하다.
- 변화는 항상 일어난다: 변화가 없다고 느껴질 뿐, 사실 변화는 늘 일어나고 있다. 예외 경험을 찾아내고 그것을 확장하는 것이 해결중심 실천이다.
- 현재와 미래에 초점: 문제는 과거에서 왔지만, 해결은 현재와 미래에 있다. 그래서 해결중심 실천은 언제나 지금과 앞으로를 바라본다. '기적질문'처럼 미래의 모습을 상상하게 하는 질문이 그런 예다.
- 협력 중시: 변화의 주체는 언제나 이용자다. 실천가는 그 변화에 함께 협력하는 파트너가 되어야 한다. 협력은 양방향이며, 실천가도 이용자에게 적극적으로 맞춰 가야 한다.

강점관점 해결중심 실천 원칙

이용자 중심의 목표 설정

무엇보다도 이용자가 중요하다고 생각하는 것을 목표로 삼는다. 택시 운전사는 자신이 가고 싶은 곳이 아니라, 손님이 원하는 곳으로 향한다. 실천가는 종종 전문가로서 방향을 주도하고 싶어지지만, 실은 이용자만이 자신이 진짜 원하는 게 무엇인지 알고 있다. 실천가는 그저 뒤에서 조명해 주는 사람이다. 어두운 터널을 지나는 이에게 손전등을 비춰 주는 것이 우리의 역할이다.

작은 변화의 추구

처음부터 큰 변화를 바라는 건 무리다. 작고 구체적인 목표를 정해 성공의 경험을 하게 해 주는 것이 더 중요하다. 이 작은 성공이 자기 효능감을 키우고, 지속적인 변화를 가능하게 한다.

구체적이고 행동지향적인 목표

'행복하게 살기' '건강한 삶' 같은 목표는 너무 추상적이라 실행하기 어렵다. '일주일에 한 번 친구 만나기' '하루 한 끼는 식사 챙기기'처럼 실현 가능하고 측정 가능한 목표가 실천에는 훨씬 효과적이다.

있는 것에 집중

없는 걸 채우려 하기보다 이미 있는 것에 집중하자. 가진 강점과 자원을 활용하면 훨씬 현실적이고 긍정적인 변화를 만들 수 있다.

목표는 여정의 시작

목표는 도착지가 아니라 출발점이다. "술을 아예 끊자." 같은 목표는 이상적일 수는 있지만, 너무 멀게 느껴질 수도 있다. 중요한 건 그 목표를 향해 나아가는 '첫걸음'을 구체화하는 것이다.

현실적이고 실행 가능한 계획

실천 계획은 이용자의 삶과 자원을 고려해 현실적으로 세워야 한다. 아무리 좋은 계획이라도 너무 이상적이면 오히려 의욕만 꺾는다.

작은 변화의 가치

작은 변화도 그 자체로 의미 있다. 평생 한번도 말하지 못했던 "사랑해."라는 말 한마디가 어떤 사람의 삶을 바꿔 놓을 수도 있다. 변화는 작지만 어렵고, 그렇기에 충분히 귀하고 존중받아야 한다.

강점관점
해결중심
실천 사례

I

다양한 가족을 위한 실천

01 할 수 있는 것에서 시작하는 힘

양육미혼모 가족을 위한 실천

사례 제공자인 양민옥은 장애인복지관, 종합사회복지관, 대학 상담소에서 실천하였으며, 현재 선문대학교 사회복지학과 교수로 재직하고 있다. 양육미혼모 문제를 심층적으로 탐구해 왔으며, 한국미혼모가족협회 이사로 활동하며 현장의 목소리에 기반한 교육과 연구에 힘쓰고 있다.

"저도 뭔가를 해 보고 싶었어요. 그냥 아무것도 안 하고 사라지고 싶었던 때도 있었는데, 아이랑 같이 살면서 자꾸 생각이 바뀌더라고요."

지원 프로그램 설명회에서 만난 한 양육미혼모가 말했다. 그는 자립을 위해 다시 뭔가 시작해 보겠다고 신청서를 조심스럽게 꺼내 들었다. '뭐라도 해 볼 수 있다.'라는 작은 마음의 움직임은 바로, 강점 관점 해결중심 실천의 시작점이었다.

··· 강점을 발굴하고, 자원을 연결하다

양육미혼모는 종종 '지원이 필요하다'는 이유로 문제 중심의 시선에 갇히곤 한다. 그러나 강점관점 해결중심 실천은 "이 사람에게 어떤 문제가 있는가?"가 아니라 "이 사람 안에 이미 있는 강점은 무엇인가?"를 묻는다.

그녀는 고등학교 졸업 후 공장과 편의점 아르바이트를 전전하며 아이를 키웠고, 독학으로 바느질을 배우며 중고품을 거래하는 웹사이트에서 소품을 만들어 팔았다. 지원 기관 담당자는 그녀의 이야기를 들으며 말한다.

"그녀는 이미 스스로 삶을 계획하고 일구어 내고 있었어요. 우리 역할은 그걸 더 확장해 줄 수 있는 환경을 만드는 거였죠."

그 결과, 그녀는 취업보다는 소규모 창업을 선택했고, 프로그램을 통해 받은 지원금 300만 원 중 일부로 재봉틀과 원단을 구입했다. 이전에는 불안과 생존을 위한 활동이었던 일이, 이제는 '가능성을 향한 선택'이 되었다.

··· 변화는 '가능성의 언어'에서 시작된다

강점관점 해결중심 실천은 과거의 실패가 아니라, 미래의 가능성에 초점을 둔다. 한 이용자는 "이력서에 쓸 것도 없고, 면접에선 아이 얘기만 나오면 떨어졌어요."라고 말했다. 하지만 담당자는 그녀에게 질문을 바꿔 던졌다.

"지금까지 아이를 혼자 키우면서도 일도 병행해 오셨잖아요. 그 안에서 본인이 제일 잘 해낸 게 뭐였어요?"

그녀는 망설이다가 말했다.

"매일 아이를 재우고 나서 독학한 워드랑 엑셀이요. 그런 건 자랑할 것도 아닌 줄 알았는데……."

그 후 그녀는 회계 사무보조 과정에 등록했고, 비슷한 경험을 가진 멘토와의 만남을 통해 점점 자신감을 회복해 갔다.

해결중심 질문은 '지금 가능한 작은 일'을 함께 찾는 과정이다. "당신은 이미 잘하고 있다."라는 전제에서 출발할 때, 이용자는 자신의 삶을 다시 볼 수 있는 힘을 갖게 된다.

··· 자율성과 선택권을 중심에 두다

많은 프로그램이 이용자의 상황을 통제하려 하거나 정해진 경로로 이끌지만, 이 프로그램은 양육미혼모가 자신의 목표를 주도적으로 설정하고 설계하도록 했다.

한 이용자는 다음과 같이 말했다.

"예전에는 뭘 하든 '그건 안 돼요.' '이건 지원 대상이 아니에요.'라는 말만 들었어요. 그런데 여기선 '어떤 걸 원하세요?'라고 먼저 물었어요."

그녀는 뷰티 아트 교육과정을 선택했고, 지역 여성 창업 지원 사업과 연계하여 6개월 후에는 1인 네일숍을 열었다. 그녀의 창업 성공은 프로그램의 모델이 되었고, 다음 연도에는 후배 참가자들에게 사업계획서 작성과 매장 운영 팁을 나누는 '멘토'가 되었다.

··· 관계 안에서 회복이 일어나다

강점관점 해결중심 실천은 인간을 '관계적 존재'로 이해하며, 변화를 위한 자원으로 개인적 관계망을 적극 활용한다.

협회는 프로그램 운영 중 동료 집단 간의 정서적 지지가 핵심 역할을 한다는 점에 주목했다. 이에 따라 같은 시기에 참여한 미혼모들이 팀을 구성해 정기적인 스터디와 소모임을 운영하도록 지원했다.

"같은 상황에 있는 사람들과 이야기를 나누는 게 이렇게 힘이 되는 줄 몰랐어요. 남들 앞에선 말 못 하는 얘기를 여기선 편하게 할 수 있었어요."

정기 모임에서는 단순한 기술 습득 외에도, '혼자가 아니라는 감각' '서로의 가능성을 믿어 주는 경험'이 이용자들의 회복을 이끌었다.

··· 삶을 바꾸는 '작은 성공'의 연속

강점관점 해결중심 실천은 '작고 구체적인 변화'에서 실마리를 찾는다. 위대한 변화를 설계하기보다, '작은 성공'을 쌓아 가는 여정에 의미를 둔다. 자립 프로그램을 이용자의 개별성과 강점을 중심에 두고 구성한 덕분에, 매년 실질적인 변화를 이루어 낸 미혼모의 수가 늘어났다. 이러한 수의 증가는 '성공한 미혼모의 수'가 아니라, '자기 자신의 가능성을 발견한 사람의 수'로 이해해야 한다. 무엇보다 이 변화는 이용자가 직접 설계하고 주도한 결과였다는 점에서 더욱 의미가 깊다.

강점관점 해결중심 실천은 양육미혼모를 대상화하지 않는다. 그들이 이미 가지고 있는 힘과 자원을 '다시 볼 수 있도록' 돕고, 작고 구체적인 실천을 통해 변화의 실마리를 만들어 내도록 '함께 걸어가는' 방식이다. 우리가 할 수 있는 일은, 그들이 이미 잘하고 있는 것을 발견해 주고, 그것을 스스로 믿을 수 있게 돕는 것이다. 그리고 그 가능성을 사회가 함께 지지할 수 있는 구조를 만드는 것이다.

"처음엔 내가 뭘 할 수 있을지 몰랐는데, 지금은 아이에게 말해 줄 수 있어요. 엄마도 해냈다고."

그 한마디가, 실천의 가치를 가장 잘 보여 준다.

한국 사회에서 미혼모 가정, 특히 아이를 직접 양육하는 미혼모(양육미혼모)는 여전히 제도적 사각지대에 놓여 있다. 전체 미혼모 중 다수가 경제적 어려움과 사회적 낙인, 정서적 고립 등의 복합적 문제를 경험하며, 특히 양육과 생계를 동시에 책임져야 하는 이중의 부담을 지고 살아간다. 정부의 지원은 청소년 한부모가 주 대상이거나, 초기 지원 중심이어서 양육미혼모의 장기적 자립과 삶의 질 향상에는 한계가 있다.

이러한 현실 속에서, 민간 영역, 특히 양육미혼모 당사자가 직접 설립한 단체들이 중요한 역할을 수행하고 있다. 그 대표적 사례가 한국미혼모가족협회다. 이 단체는 2009년 양육미혼모가 주도하여 설립한 국내 최초의 당사자 조직으로, 현재까지 활발한 활동을 이어 가고 있다. 한국미혼모가족협회를 비롯한 당사자 단체들은 '당사자 자조모임, 취 · 창업 지원, 정책제안 활동과 인식개선 캠페인' 등 다양한 실천을 통해 양육미혼모의 권익을 증진하고 있다.

02

내 아이를 '있는 그대로' 바라보기

입양가족을 위한 실천

사례를 제공한 정온주와 이선경은 굿커뮤니티 이숲과 심리상담연구소 온숲에서 입양가정과 아동을 위한 상담과 교육, 연구를 진행하고 있다. 정온주는 여성인력개발센터와 공익 재단에서 일했으며, 이선경은 심리치료사이다. 현재 아동권리보장원 예비입양부모 강사로 활동 중이다.

… '문제' 대신 '강점'을 보기 시작할 때

미영 씨는 두 번째 아이를 입양할 때 큰 고민이 없었다. 첫째 아이를 잘 키운 경험이 있었기에 이번에도 무리 없을 것이라 믿었다. 그런데 아이가 집에 온 첫날, 그녀의 마음엔 미세한 균열이 생기기 시작했다.

아이는 또래보다 말을 잘했고, 씻기, 식사, 옷 입기 모두 척척 해내는 아이였다. 주변에서는 "똑똑한 아이가 왔다." "손이 안 가서 좋겠다."라는 칭찬이 이어졌지만, 미영 씨의 마음은 그럴수록 무거워졌다.

'왜 이렇게 야무진 모습이 부담스러울까?'
'내가 자기를 첫째보다 덜 사랑하게 될까 봐 겁나는 걸까?'

그녀는 아이를 통제하려 애썼다. '식탐'이라 느껴지는 아이의 행동이 특히 어려웠다. 밥을 먹고도 계속 더 먹겠다는 아이를 보며, 미영 씨는 당황했고, 주변 사람들이 하는 말은 그녀의 혼란을 키웠다.

"아이 먹는 걸로 너무 그러지 마세요."
"보육원에 있다 왔으니 그럴 수도 있죠."

이런 말들은 미영 씨에게 위로가 되기보다, 자신을 더 비난하게 했다. 어느 순간, 그녀는 아이가 커 가는 것이 두려워졌고, 더는 혼자 해결할 수 없다는 것을 깨닫고 기관에 상담을 요청했다.

··· 상담실에서 시작된 새로운 질문

상담사는 미영 씨의 이야기를 차분히 듣고 첫마디를 건넸다.

"지금까지 해 오신 노력이 참 대단하세요."

그 한마디 말이 미영 씨의 굳은 마음을 흔들었다. 처음으로 '무언

가를 잘 해냈다'는 느낌을 받은 순간이었다. 상담사는 판단이나 조언 대신 질문을 던졌다.

"무엇이 조금 달라지면, 여기 오기를 잘했다고 느끼실까요?"
"그 변화가 일어난다면, 엄마인 당신에게 어떤 의미가 있을까요?"

이 질문들은 미영 씨로 하여금 '아이 문제'에서 벗어나, 자신의 변화 가능성을 상상하게 했다. 그녀는 자신의 불안, 통제하려는 태도, 자책감을 이야기했고, 상담사는 이런 마음이 아이를 지키고 싶은 보호 본능에서 나온 것임을 되짚어 주었다.

"그런데도 계속 아이를 안아 주셨잖아요."
"매번 식사를 준비하면서, 아이가 잘 크길 바라는 마음이 있었겠네요."

이처럼 상담사는 미영 씨 안에 이미 존재하는 강점을 함께 찾아 나갔다. 불안한 엄마가 아닌, 신중하고 성실한 보호자로서의 자기 인식이 조금씩 자리 잡기 시작했다.

… 변화는 이미 일어나고 있었다

"아이가 어떤 사람으로 자라면 좋겠느냐"라는 질문에, 미영 씨는 "자기 일을 스스로 잘 해내는 아이"라고 답했다. 질문이 이어졌다.

"그런 모습을 지금도 조금은 보시나요?"
"그런 모습을 본 적이 언제인가요?"

그녀는 멈칫하다가 말했다.

"사실……, 우리 아이는 항상 자기 일을 잘하긴 해요. 오히려 너무 야무져서 제가 감당 못 할까 봐 겁났던 것 같아요."

그 순간, 미영 씨는 처음으로 아이의 행동을 강점으로 인정했다. 이전엔 '버거운 모습'이라 여겼던 행동이, 사실은 자신이 가장 바라는 모습이기도 했다는 사실을 자각했다.

··· '예외'를 발견하고, 확장해 나가는 힘

상담사는 미영 씨가 아이와 관계가 좋았던 순간, 웃었던 시간, 따뜻했던 말을 기억해 보도록 도왔다. 작은 성공의 조각들을 모으며, 상담은 미영 씨가 예외의 순간을 확대할 수 있도록 이끌었다.

"혼자서 옷 입었어? 잘했네."
"신발을 신었네? 아구 잘했네~."

이런 사소한 칭찬에 아이가 활짝 웃는 모습을 볼 때마다, 미영 씨는 '내가 뭘 다르게 했을까?'를 스스로 되묻기 시작했다. 그리고 그 순간들이 쌓이며, 그녀의 마음에도 신뢰와 사랑의 여유가 생겨났다.

관계 안에서 회복되는 부모

미영 씨는 이후 입양부모 자조모임에 참여했다. 처음에는 조심스럽게 자신의 어려움을 꺼냈지만, 어느새 다른 부모의 이야기에 고개를 끄덕이고, 자신의 경험을 나누며 웃을 수 있게 되었다.

"부모가 완벽할 필요는 없구나. 서로 기다려 주고, 존중해 주는 것이 더 중요하구나."

그녀는 자조모임에서 부모로서 있는 그대로 수용받는 경험을 했고, 이는 아이를 바라보는 눈에도 변화를 가져왔다. 아이가 말을 잘 들어서가 아니라, 아이의 존재 자체를 존중하는 마음이 자리 잡기 시작했다.

완벽한 엄마가 아닌, 충분히 좋은 엄마

이후 상담에서는 미영 씨가 변화에 대한 자각을 더 자주 언급했다.

"전엔 아이가 야무지면 두려웠는데, 지금은 든든해요."
"내가 부족한 엄마라는 생각을, 이젠 좀 내려놓을 수 있어요."

이러한 말들은 '문제'에서 '가능성'으로, '부족함'에서 '강점'으로 인식이 옮겨 가는 내적 변화를 보여 준다. 점차 그녀는 현재의 자신을 긍정적으로 수용하게 되었고, 상담실을 찾는 발걸음도 훨씬 가벼워졌다.

강점관점 해결중심 실천은 완벽한 부모를 만들어 내지는 않는다. 그 대신, 이미 부모가 해 온 수많은 노력과 아이에 대한 애정을 발견하고, 거기서 새로운 실천의 실마리를 함께 찾는다. 미영 씨의 변화는 특별한 계기에서 나온 것이 아니었다. 매일 반복되는 일상에서 달라진 시선, 달라진 말 한마디가 변화의 시작이었고, 그 작은 변화가 부모와 아이의 관계를 다시 연결했다.

'마음과 행동이 완벽히 일치해야만 좋은 엄마가 되는 건 아니구나.'
'지금 이 정도면, 나는 충분히 잘하고 있다.'

이 믿음은 미영 씨가 다시 아이와 손을 잡고, 함께 나아갈 수 있도록 이끄는 강력한 힘이 되었다.

입양은 출산이 아닌 방식으로 가족이 형성되는 사회적 · 법적 과정이다. 이 과정에서 아동과 친생부모 간의 관계는 법적으로 단절되고, 혈연관계가 없는 사람들 사이에 새로운 부모-자녀 관계가 형성된다. 이러한 특수성 때문에 입양가정은 일반적인 양육가정보다 더 복합적인 감정을 경험하며, 생애 주기별로 다양한 입양 관련 과제에 대해 능동적으로 대응할 필요가 있다.

특히 입양부모는 아동이 친생가족으로부터 물려받은 유전적 특성과 성장 배경을 이해하고, 아이가 새로운 가정에 정서적으로 안정적으로 정착할 수 있도록 지속적인 상담과 교육을 받아야 한다.

2000년대 이후 한국에서는 공개입양운동이 활발해지면서, 입양부모들이 자발적으로 모임을 조직하였고, 이를 기반으로 한 입양부모 교육, 상담, 자조 활동이 본격화되었다. 이러한 흐름 속에서 입양부모와 아동을 전문적으로 지원하는 입양사후서비스기관도 설립되었다. 입양사후서비스기관은 입양가정이 안정적으로 자리 잡고 자녀와 건강한 관계를 맺을 수 있도록 다각적으로 지원하고 있다. 구체적으로 이 기관들은 입양아동의 성장과 정체성 형성을 돕는 상담과 교육, 입양부모의 양육 역량을 강화하기 위한 프로그램, 입양가족 모임 운영과 통합 사례관리, 원가족과의 재회 지원, 입양에 대한 사회적 인식 개선 캠페인 등을 수행한다.

03

의존이 아닌 독립적 삶을 위하여

해외입양인을 위한 실천

사례를 제공한 한분영은 덴마크로 입양되었다가 한국에 돌아와 20년 넘게 거주 중이다. 서울대학교에서 사회복지 박사과정을 수료했으며, 현재는 해외입양인의 권리 옹호를 위해 Danish Korean Rights Group(DKRG) 공동대표로 활동하고 있다.

··· 보이지 않는 장벽 속에서, 가능성을 보다

2019년 가을, 해외입양인 마틴의 이야기를 처음 접했다. 그는 10년 넘게 형사사법제도를 맴돌며 구속된 상태로 재판을 기다리고 있었다. 정신질환 치료제를 복용하고 있었고, 폭력 혐의로 인한 불안과 고통 속에서 지냈다. 가장 충격적인 사실은, 그가 한국어를 전혀 하지 못했음에도 한국 국적자라는 이유로 '외국인 전용 보호소'가 아닌 일반 교정시설에 수감되어 있었다는 점이었다. 말이 통하지 않는 사람들 사이에서, 그는 3개월 가까이 누구와도 대화조차 나누지 못한 채 고립되어 있었다.

'이 상황에서 내가 할 수 있는 일은 무엇일까?'

그의 이야기를 들으며 나는 머릿속에서 언어 · 문화적 장벽과 정신건강 위기를 동시에 겪는 사람의 고통이 얼마나 깊을지를 끊임없이 상상하게 되었다. 그리고 과거 마주했던 또 다른 입양인의 죽음이 겹쳐 떠올랐다. 그날 나는 다짐했다.

'지금 내가 할 수 있을 때, 더 자주 이들의 곁에 있어야겠다.'

표면적으로는 한국에서 살아가는 여느 시민과 다르지 않아 보이는 해외입양인의 삶은, 실상은 시스템과 정보, 사회적 자원이 거의 닿지 않는 사각지대에 있었다. 그리고 그들이 처한 문제는 단순히 도움을 주는 것이 아니라, 존재 자체를 이해하고 삶의 회복 가능성을 함께 발견하는 관계에서부터 출발해야 했다. 중요한 건, 그들의 손을 붙잡아 끌어 주는 것이 아니라, 그 손을 놓더라도 스스로 걸어갈 수 있도록 힘을 되찾게 돕는 것이었다.

··· 희망을 엮어 낸 네트워크

마틴의 상황이 알려지자, 해외입양인 커뮤니티는 빠르게 반응했다. 친구, 변호사, 의사, 활동가가 자발적으로 연결되어 작은 네트워크를 형성했고, 우리는 그를 위한 구체적인 행동을 시작했다. 우선, 그가 안정감을 느낄 수 있도록 일관된 지원 체계를 만들었다. 매주 정해진 요일마다 누군가가 반드시 면회를 가기로 했고, 법무부의 인터넷 편지 시스템을 활용해 정기적인 소통을 시도했다. 우리는 다양한 언어로 된 편지 가이드를 제작해 커뮤니티 누구나 그와 연락을 이어 갈 수 있도록 했다. 이렇게 꾸준한 만남은 폐쇄적인 공간 속에서도 마틴이 정서적으로 연결되어 있음을 느끼게 했다.

한편, 마틴이 수년간 찾아 헤매던 의료기록과 입양 서류, 법적 문서들은 여러 기관에 흩어져 있었고, 그는 그것을 정리할 힘조차 남아 있지 않았다. 우리는 그가 과거에 보여 준 작은 시도들을 주목하며, 그가 다시 자신의 삶의 구조를 세워 갈 수 있도록 돕는 데 마음을 모았다. 그의 국선 변호사가 제대로 활동할 수 있도록 흩어진 자료를 하나하나 모아 정리했고, 아동권리보장원에 공공 지원 체계가 작동하도록 꾸준히 제안했다. 이것은 단순히 정보를 모으는 일이 아니라, 마틴이 '나도 다시 시작할 수 있다'는 감각을 조금씩 되찾아 가는 여정이었다.

··· 일상을 다시 세워 가기

초기에는 마틴이 수감자나 교도관과 자주 갈등을 빚고, 폭력적인 행동을 보이기도 했다. 하지만 면회를 시작하고 정기적인 대화를 나누자, 그는 점차 자신의 스트레스를 스스로 조절하려는 노력을 보이기 시작했다. 약을 정해진 시간에 복용하고 편지와 전화를 통해 외부와 연결을 유지하며, '갈등 대신 소통'을 선택하는 태도를 보였다.

그는 면회가 중단된 코로나 19 팬데믹 기간에도 전화를 통해 자신의 감정을 나누며 심리적 균형을 유지했다.

놀랍게도, 마틴은 출소 후 다시는 범죄를 저지르지 않았다. 그의 곁에는 여전히 연결된 사람들이 있었고, 그는 더 이상 고립되어 있지 않았다. 활동가는 자원을 단순히 제공하는 것이 아니라, 마틴이 스스로 자원을 찾고 활용하는 방법을 알려 주었다. 그는 직접 사회적 지지망을 구축하며 관계를 확장했고, 그것은 지금도 잘 유지되고 있다.

··· 자립을 위한 동행

마틴의 새로운 삶을 위해, 활동가들은 그가 스스로 자신의 삶을 정돈해 갈 수 있도록 구체적인 실천을 함께했다. 현금지급기 이용을 옆에서 도와주되, 버튼을 누르고 영수증을 챙기는 일은 마틴이 직접 하게 했다. 그의 자립을 위한 작은 성공 경험들을 존중하고 지지하며, '당신은 해낼 수 있는 사람'이라는 메시지를 일관되게 전했다.

마틴의 과거는 정신질환, 노숙, 폭력 등으로 얼룩져 있었지만, 활동가는 그 경험을 그가 버텨 낸 증거, 회복의 자원으로 보았다. 그는 정신질환을 앓으면서도 스스로 자신을 돌보는 법을 배웠고, 노숙의 경험은 집이 얼마나 소중한지를 누구보다 절실하게 알게 해 주었다. 우리는 함께 월세 납부 계획을 세우고, 정기 지출을 관리하는 방법을 연습했다. 마틴은 점차 안정된 일상을 스스로 유지해 나갔다.

이 실천의 핵심은 마틴이 우리에게 의존하게 만드는 것이 아니라, 그가 자신의 삶을 이끌어 갈 수 있도록 지지하는 것이었다. 우리는 그의 삶을 대신 살아 주지 않았다. 다만, 그가 다시 살아갈 힘을 되찾는 과정을 함께했을 뿐이다.

마틴은 여전히 실수하기도 한다. 하지만 그는 예전보다 자신을 다독이고, 필요할 때 도움을 요청하고, 자신에게 중요한 관계를 선택하고 유지할 수 있는 사람이 되었다. 무엇보다 그는 이제 자신을 '도움이 필요한 사람'이 아니라, '도움을 주고받을 수 있는 사람'으로 인식하게 되었다. 그 변화는 작지만 분명한 진전이었다.

1953년부터 지금까지, 한국은 약 20만 명의 아동을 14개가 넘는 국가로 입양 보냈다. 이는 세계적으로 유례없는 규모의 해외 입양 사례로, 단순한 입양의 역사를 넘어, 한국 사회가 빈곤, 편견, 가족지원체계의 부재와 같은 구조적 문제를 오랫동안 개인에게 전가해 온 과정을 보여 준다.

많은 입양인은 정체성 혼란, 심리적 트라우마, 차별과 학대를 경험했고, 일부는 정신건강의 위기와 높은 자살률로 이어지는 깊은 고통을 겪고 있다. 이를 반영해 입양 관련법에는 입양인을 위한 사후 서비스가 포함되었지만, 그 실행은 주로 관광과 일회적 만남에 치중돼 실질적 회복과 자립을 지원하지 못한다는 비판을 받아 왔다.

이러한 제도의 한계를 절감한 해외입양인 당사자들은 스스로 목소리를 내기 시작했다. 이들은 한국 내에서 지원단체를 설립해 행정기관, 병원, 법률기관 등에서 입양인의 권익을 지키기 위한 실질적 조력 활동을 이어 가고 있다.

이들의 꾸준한 노력은 공공의 빈틈을 메우며, 당사자 중심의 지원이 어떻게 가동하고 지속될 수 있는지를 보여 주는 생생한 사례가 되고 있다.

04
자녀를 가장 잘 아는 사람은 바로 부모

부모교육과 상담

사례 제공자인 김수영은 국내 NGO에서 일했으며, 강점관점 해결중심에 관한 연구와 실천을 하고 있다. 교회, 복지관, 가족센터 등에서 집단프로그램을 통해 부모들을 만나 왔고 현재는 해결중심실천연구소 대표로 일한다.

… '함께'라서 가능했던 첫걸음

부모교육 첫 시간, 진행자는 말했다.

"여기는 부모님들이 서로를 지지하는 공간입니다. 강의처럼 일방적으로 해결책을 제시하는 자리가 아니라, 경험을 나누며 함께 문제를 풀어 가고 성장하는 마중물 같은 모임이에요."

초반엔 다소 긴장한 표정의 부모들이 많았다. 어느 어머니가 말을 꺼냈다.

"우리 아이가 학교에 가기를 거부하고, 가출도 잦아서 정말 마음이 무거웠어요. 이런 문제를 가진 부모님들이 모였다는 게 위안이 되네요."

다른 이들도 고개를 끄덕이며 작게 웃었다. 그 말 한마디가 모임의 분위기를 한결 부드럽게 만들었다.

··· '문제' 대신 '강점'에서 시작하기: "내가 지금까지 잘해 온 건……."

참가자 대부분은 자녀의 문제를 말하고 싶어 했다. 등교 거부, 친구 문제, 폭력, 절도……, 겉으로 보이는 심각한 문제가 많았다. 하지만 진행자는 과감히 질문을 바꿨다.

"지금까지 살아오면서 '내가 참 잘했다고 생각하는 순간'을 하나씩 이야기해 볼까요?"

처음에는 모두 멈칫했다. 생소한 질문에 멋쩍은 웃음도 흘렀다.
한 아버지가 천천히 입을 열었다.

"솔직히 그런 생각을 해 본 적이 없는데, 그래도 매일 아침 아이

깨우는 건 3년째 꾸준히 해 왔네요. 그게 나름 잘한 일이 아닐까요?"

다른 참가자가 반색하며 말했다.

"저도요! 저는 늦게 퇴근할 때가 많아 아이의 자는 모습만 볼 때가 많은데, 주말에는 아이들과 꼭 놀아 주려고 해요."

한 어머니는 눈시울을 붉히며 말했다.

"나는 아이가 아직 어리지만, 그래도 이렇게 끝까지 포기하지 않고 버틴 내가 대견해요. 예전엔 문제만 생각했는데, 이렇게 서로의 강점을 얘기하니 마음이 훨씬 가벼워지네요."

이처럼 문제로 무거웠던 마음에 '나'라는 강점의 씨앗을 심기 시작했다.

··· '기적 질문'이 만든 작은 희망

두 번째와 세 번째 회기에는 '기적 질문'을 통해 자신들이 바라는 부모상과 자녀의 모습을 구체적으로 상상했다.

"만약 내일 아침 아이와 관계가 기적처럼 좋아진다면, 어떤 모습일까요?"

한 어머니가 미소 지으며 말했다.

“아이한테 꼬치꼬치 묻지 않고, 잔소리도 줄이고, 대신 칭찬을 많이 하는 부모가 되고 싶어요.”

참가자들은 서로 격려하며 실제 상황을 역할극으로 연습하기도 했다.
한 아버지는 웃으며 말했다.

“예전 같으면 ‘왜 이렇게 늦게 일어나느냐.’라며 혼냈는데, 지금은 ‘괜찮아, 네 몫이야.’라고 말해 보려 해요.”

진행자는 덧붙였다.

“실제 해 보는 게 중요해요. 부족해도 괜찮아요. 여기선 응원만 가득하니까요.”

대화를 연습해 보는 과정에는 웃음이 끊이지 않았다.

… 서로의 경험과 지혜가 쌓이는 시간

네 번째 회기에서는 ‘부모 자문단’이 열렸다. 한 참가자가 해결하고 싶은 이야기를 꺼내면, 함께 참여한 부모들이 해결방법을 고민하고 조언하는 시간이다.

"아이 친구 문제 때문에 너무 힘들어요."

"우리 아이는 학교에 적응을 못 해서 집에만 있어요. 어떻게 해야 할까요?"

부모들은 자신의 경험을 기꺼이 나누며, 진지하게 고민하고 질문에 답해 주기도 했다.

"저도 그런 적 있었는데, 기다려 주면 조금씩 달라지더라고요."

"부모가 지치면 안 돼요. 나 자신도 잘 돌봐야 아이에게 힘이 되더라고요."

그 과정에서 '우리 아이만 힘든 게 아니구나' '다들 비슷한 과정을 겪고 있구나' 하는 공감과 연대가 깊어졌다.

··· 시도와 깨달음의 순간들

시간이 흐르며 부모들은 눈에 띄는 변화를 경험했다. 아침마다 아이에게 전화해 깨우던 한 어머니는 이를 과감히 끊었다.

"처음엔 두렵고 불안했지만, 아이도 스스로 책임지는 법을 배워야 한다고 생각했어요."

또 다른 어머니는 잔소리를 줄이고, 아이와 대화하는 방식을 바꾸었다.

남편과 다투던 것도 '그만하자'는 남편 말에 곧바로 수긍하며 부드러워졌다.

"남편에게 '고맙다'고 문자 보냈더니 집안 분위기도 좋아졌어요."

··· 문제 중심에서 가능성 중심으로

참가자들은 조금씩 시선을 바꾸었다.

"아이의 문제를 '성장 과정의 일부'로 이해하니 마음이 편해졌어요."
"예전엔 걱정에 잠 못 잤는데, 이제는 '뭐라도 해 보자!' 하는 생각이 생겼어요."

문제가 아닌 '해결된 미래'에 집중하면서, 자신과 자녀에 대한 태도가 부드러워지고 희망이 싹텄다.

··· 공감과 배움 그리고 서로가 준 응원

참가자들은 집단 안에서 얻은 힘을 크게 느꼈다.

"내 아이만 힘든 줄 알았는데, 같은 또래 아이들이 겪는 어려움이라는 걸 알게 된 게 큰 위로였어요."

"여기서 배운 걸 실천해 보니 아이와 조금씩 소통이 되더라고요."

마지막 회기에는 서로를 칭찬하고, 진행자가 한 명 한 명에게 피드백 편지를 낭독했다.

"그동안 정말 힘드셨는데, 아이를 위해 굳건히 견뎌 오신 그 힘에 경의를 표합니다."

참가자들의 눈가에는 뜨거운 눈물이 맺히기도 했다.

··· '내 아이를 위한 10점 만점의 의지'

가장 중요한 변화의 동력은 바로 참가자들이 지닌 간절한 마음이었다.

"아이를 위해 무엇이든 해 보려는 마음이 10점 만점에 10점이에요. 그래서 여기까지 올 수 있었죠."

서로의 경험을 나누며 강점과 가능성에 초점을 맞춘 집단의 힘은 부모를 변화의 주체로 세웠다.

일반적인 부모교육이나 상담은 부모에게 '양육기술'을 가르치는 데 초점을 둔다. 그러나 아무리 효과적인 방법이라도, 모든 아이에게 똑같이 적용되지는 않는다. 중요한 것은 내 아이에게 맞는 방법이며, 그것을 부모 스스로 발견하고 실천할 수 있어야 한다.

강점관점 해결중심 부모 집단 프로그램은 자녀를 가장 잘 아는 존재가 바로 '부모'라는 전제에서 시작한다. 이 프로그램의 핵심은 자녀의 변화보다 부모 자신의 변화에 있다. 부모가 자녀를 새롭게 이해하고, 자신의 강점을 발견하며, 자신에게 맞는 양육의 방향을 찾아가도록 돕는 것이다. '부모로서 내가 할 수 있는 것'에 집중할 때, 부모는 더 이상 무력한 존재가 아니라, 자녀 성장의 든든한 동반자로 다시 서게 된다.

Ⅱ

지역사회에서의 실천

05

믿음이 전하는 변화의 힘

지역아동센터에서의 실천

사례 제공자인 옥경원은 한국지역아동센터연합회 대표로, 오랜 시간 지역아동센터 현장과 돌봄 정책의 발전에 헌신해 온 실천가다. 강동교육복지센터와 지역아동센터 등 다양한 실천 현장에서 강점관점 해결중심 사례관리와 상담을 꾸준히 실천해 왔으며, 돌봄 현장의 변화를 이끄는 교육과 정책 활동을 병행하고 있다. 현재는 사회적협동조합 숲과나무 이사장, 경기복지재단 이사로도 활동하며, 지역 중심의 아동복지와 사회적 돌봄 체계의 확장을 위한 다양한 활동을 이어 가고 있다.

… 낙인찍는 상담은 이제 그만

교육복지센터를 통해 한 사례가 접수되었다. 의뢰자는 중학교의 상담 선생님이었다. 그리고 상담실에서 마주한 아이, 중학교 3학년 다희는 말없이 구석에 앉아 핸드폰을 만지작거리고 있었다.

상담 선생님은 다희의 가정환경과 문제 행동 그리고 현재 상황을 1시간 가까이 설명해 주었다. 나는 짧게 다희와 눈을 마주쳤고, 마음속으로 되뇌었다.

'쟤는 또 뭐야?'

그 아이에게 쏟아지는 시선은, 그 존재가 아닌 '문제'만을 향해 있었다. 상담실을 나와, 나는 사례관리 계획을 세우기 시작했다. 문제의 발단은 무엇이고, 어떤 환경적 요인이 작용했는지를 하나씩 짚으며 가계도와 생태도를 그리고, 상담을 이어 갔다.

"다희야, 그동안 많이 힘들었겠네? 어쩌다가 잘못된 선택을 하게 된 거야?"

"아저씨들과 조건만남을 시작한 건 용돈이 필요했던 거야?"

"아버지는 무슨 일을 하실까?"

"새엄마가 집을 나가야만 했던 이유가 뭐라 생각해?"

말투는 비교적 친절해 보였지만, 진단을 위해 정확하고 구체적인 정보가 필요하다는 믿음 아래 분석과 조사가 이어졌다. 나도 모르게 열네 살 아이의 삶을 수술대 위에 눕혀 놓고 '사례관리'라는 수술칼로 아이의 삶을 파헤치고 있었다. 그 상처에서 터져 나오는 고통과 고름을, 나는 마치 실적의 증거처럼 서류 위에 펼쳐 놓았다. 알고 보니 다희는 나뿐 아니라 이미 수많은 상담사에게 자신의 비밀을 여러 차례 털어놓았다고 했다. 학교 상담사, Wee클래스 담당자, 담임교사, 정신보건센터, CYS-Net, 정신과 의사……. 하지만 그 누구도 진정한 해결책을 찾지 못했고, 문제의 원인에 관한 이야기만 반복되었다.

아이의 잦은 가출과 자기파괴적 행동은 멈추지 않았고, 좀 나아지나 싶다가도 문제는 다시 원점으로 돌아왔다. 결정적인 전환점은 고등학교 진학이었다. 중학교 시절 유일한 연결 고리였던 담임교사와의 관계가 끊기자, 다희는 입학하자마자 '전교생 중 가장 문제아'라는 낙인이 찍혔다. 그리고 그때부터, 아이의 방황은 오히려 더 심해졌다.

"지역아동센터에서 사례관리요?"

이러한 개인 사례들과 고민이 채 정리되기도 전인 2014년 봄, 또 하나의 혼란이 불어닥쳤다. 정부가 지역아동센터 평가항목에 '사례관리'를 포함한다는 것이었다. 그것도 높은 배점으로 말이다. 현장은 두 갈래로 갈라졌다. 한쪽에서는 "사례관리는 사회복지의 꽃이지! 우리가 전문성을 보여 줄 기회야!"라고 반겼고, 다른 한쪽에서는 "평균 2.4명의 종사자가 밥 먹이고 숙제 봐 주기도 바쁜데, 언제 사례관리를 해요?"라며 한숨을 내쉬었다. 그러나 반대의 목소리는 곧 묻혔고, 제도는 전격 시행되었다.

전국의 센터마다 갑자기 '이용 아동 사례관리 파일'이 급히 만들어지기 시작했다. 지침은 낯설었고, 사회복지 전공자가 아닌 센터장들은 "내가 사례관리를 받는 게 더 낫겠다."라며 허탈해했다. 시·도 지원단은 사례관리를 종사자 필수 교육으로 편성했고, "센터별로 아동 사례를 하나씩 들고 오라."라는 공문이 잇따랐다. 나는 궁금증을 안고 교육장에 들어섰다가 눈앞의 광경에 잠시 숨이 멎었다. 테이블

마다 앉은 종사자들이 아이들의 문제를 하나씩 꺼내 놓고, 마치 해부하듯 이야기를 나누고 있었다. 왠지 익숙한 장면이었다. 내가 다희를 만나서 했던 그때의 질문과 반응들이 떠올랐다. 부끄러웠다.

"어머, 이건 태훈이 이야기잖아?"
"이건 수지네 가족인데?"

낯익은 이름과 가정사가 고스란히 공개되었다. 이건 잘못되었다. 당장 교육 중단을 요구하고, 현장 종사자들에게도 문제 제기를 했다. 그 후 공식 절차를 밟아 시에 사과를 요구했으며, 교육은 중단되었고 재발 방지를 약속받았다. 하지만 책임자에 대한 징계는 없었다.

'누구를 위한 사례관리였을까?'
'누가 아이의 이야기를 그렇게 꺼내 놓을 권리를 가졌을까?'
'내 아이의 이야기였다면?'

아이의 삶을 해부한 흔적을 '성과'라는 이름으로 포장하는 것이 정말 복지일까? 사례관리 폭풍은 그렇게 한 회기 평가 주기를 지나며 조용히 사그라들었다. 아이들의 이야기는 파편처럼 파일 속에 흩어졌고, 무엇이 달라졌는지는 아무도 말하지 않았다. 그 시점부터 나에게 '문제중심 실천'에 대한 회의감이 찾아왔다. 그리고 뭔가 새로운 해결방법을 찾아야 한다는 절박함 속에서 강점관점 해결중심 실천이 그 자리에 들어오기 시작했다.

··· 새로운 시도와 변화

나는 다희를 다시 만나 물었다.

"사람이 모두 잠을 자잖아. 너도 잠을 잘 텐데, 아침에 눈을 떠 보니 글쎄 기적이 일어난 거야. 정말 놀랍게도 말이야. 너에게 무엇이 조금 달라졌다면 기적이 일어났다고 할 수 있을까?"

"몰라요!"

"내가 정말 네가 생각하는 기적 같은 상황이 궁금해서 그러는데, 아침에 일어나 보니 기적이 일어났다면 어떤 모습일까?"

"저는 밤에 놀고 아침에 자요! 밤에는 놀아야죠, 왜 자요?"

"그렇구나, 다희는 밤에 놀지? 맞아, 그럼 낮에는 자잖아. 자고 일어나니 기적이 일어난 거야!"

"기적이요? 제가 보란 듯이 죽는 거죠! 어떻게 죽으면 좋을까요? 고통 없이 잘 죽는 방법 좀 알려 주세요."

새로 배운 방법을 적용해서 애써 질문을 이어 갔지만, 쉽지 않았다. 지금 생각해 보면 무모한 도전이었다. 그렇지만 포기하지 않고 이런저런 질문을 해 나갔다. 당시의 나에게는 무엇이라도 해서 다희를 도와야겠다는 생각만이 가득했던 것 같다.

"학교생활을 떠올릴 때, 너무 싫고 힘들다는 게 1, 아주 좋다는 게 10이라면, 너는 몇 점쯤 되는 것 같니?"

"음……, 2요."

"그렇구나. 사실 0도 줄 수 있고 1도 줄 수 있는데, 2라고 한 이유가 있을 것 같아."

"남친이요. 걔가 저를 좀 좋아해요. 학교 안 가면 그 애 못 보거든요."

그 순간, 이 아이가 학교에 나오는 유일한 이유가 하나 보였다.

"누군가를 좋아하고 또 사랑받는 건 참 좋은 일이야. 그렇다면 2에서 3으로 오를 수 있게 하려면 뭐가 달라지면 좋을까?"

"폰을 학교에서 안 뺏었으면 좋겠어요. 수업도 모르겠고, 친구랑 문자도 못 하고……, 너무 지루하거든요."

"그렇구나. 수업이 지루하니까 조용히 검색하고 친구랑 연락이라도 하고 싶었던 거구나?"

이후 나는 담임교사와 면담했고, 담임교사는 다희가 초등학교 4학년 때 피아노 콩쿠르에서 입상한 적이 있다고 알려 주었다.

"피아노요? 제가 좀 칩니다~."

다희는 피아노를 정말 좋아했지만, 아빠의 말 한마디로 그만두게 됐다.

"정말이야? 콩쿠르에서 상도 받았어?"

"그럼요. 제가 좀 치지요~."

"그럼 다시 해 보고 싶어?"

"돈이 없잖아요. 아빠가 그만두라는데……."

"쉽지 않았을 텐데 아빠 상황을 이해해 주다니 정말 대견하다. 진심이야."

"쌤, 저 그런 말 태어나서 처음 들어 봐요. 기분 되게 좋아요."

이후 다희는 지역 피아노학원에 오디션을 봤고, 원장님의 흡족한 평가와 함께 6개월간 하루도 빠짐없이 교습을 받았다. 이전엔 술, 담배, 가출, 심지어 원조교제를 반복하던 아이였다. 가정 폭력에 시달렸고, 아파트 옥상에서 잠든 날도 있었다. 그런데 피아노 수업만은 단 한 번도 거르지 않았다.

"쌤, 이거 제 계획표예요!"

어느 날, 다희가 음료수 하나를 들고 상담실을 찾았다. 더운 여름 옥상에서 자느라 모기에 물린 자국, 냄새 나는 교복 그대로였다.

"쌤, 저 이제 공부할 거예요. 국어 잘한대요. D대학교 국문과 가려고요. 이거, 시간표 짜 봤어요. 중간고사 준비하려고요."

눈시울이 뜨거워졌다. 이 아이가 스스로 계획을 세우고 목표를 정하다니. 며칠 후, 담임교사에게 전화가 왔다.

"선생님, 도대체 다희에게 무슨 상담을 하신 거예요? 아이가 정말 많이 달라졌어요."

나는 웃으며 대답했다.

"제가 한 건 없어요. 다희가 자기 힘으로 바꾸기 시작한 거예요."

아이의 변화에 희망을 품고 모두 기대에 차 있던 날들이었다. 그런데 그즈음 날벼락 같은 일이 또 벌어졌다. 다희 아버지가 센터에 찾아와 큰소리를 치며 난동을 부린 일이다.

"이봐요, 그 애가 당신 말을 듣는다니 수상하잖아. 혹시 당신, …… 내 딸한테 무슨 짓을 한 거야? 가만 안 둘 거야!"

졸지에 범죄자 취급을 받았다. 아이들도 그 광경을 지켜봤다. 그날의 씁쓸함은 오래 남았지만, 다음 날 아이가 찾아왔다.

"쌤, 미안해요. 이렇게 만날 수는 없을 것 같은데요. 그래도 저 이제 혼자서도 잘할 수 있어요. 그동안 감사했어요."

나는 말없이 아이를 안아 줬다. 처음이자 마지막이었다.

아이와의 관계는 이렇게 아쉽게 끝났다. 그러나 나는 다희를 통해 중요한 것을 알게 되었다. 아이를 바꾸려 하기보다 믿는 것이 먼저라는 것을……. 질문하고, 들어 주고, 강점을 말해 주는 것만으로도 아이는 자신의 삶을 새로 그려 나갈 수 있다는 것을……. 그들은 '문제'가 아니라, 자기 삶의 주인공이며 해결의 열쇠를 가진 존재라는 것을.

"쌤, 저 이제 혼자서도 잘할 수 있어요."

이 말은 단순한 인사 이상의 메시지였다. 나는 아이가 지금 어떻게 지내는지 잘 알지 못한다. 그러나 다희는 잘 지낼 것이다. 누구보다 자기 인생을 잘 살고 싶고 그것을 해낼 수 있는 아이라는 것을 나는 믿는다.

지역아동센터는 방과 후 가정의 돌봄을 받기 어려운 아동에게 제공되는 대표적인 사회적 돌봄 서비스다. 이 제도는 원래 빈곤 지역에서 자발적으로 시작된 민간 공부방 운동에서 비롯되었으며, 2004년부터는 「아동복지법」 개정을 통해 국가의 공식적인 돌봄 체계로 자리 잡았다.

한국처럼 초저출산과 가족 구조의 변화가 빠르게 진행되는 사회에서 돌봄 정책의 중요성은 날로 커지고 있다. 실제로 돌봄은 매년 대통령 국정과제로 선정될 만큼 주목받는 정책 분야다. 특히 코로나19와 같은 재난 상황 속에서 지역아동센터는 학교 휴업기에도 긴급 돌봄을 수행하며, 혼자 지내는 아동에게 도시락을 전달하고 온라인 학습을 지원하는 등 돌봄의 공백을 최소화하는 역할을 해 왔다.

현재 전국에는 약 4,300개의 지역아동센터가 운영 중이며, 평균 2.5명의 종사자(시설장, 생활복지사 등)가 일하고 있다. 이곳을 이용하는 아동은 전국적으로 약 10만 명에 달한다.

06
게임 속에서 마술을 찾아낸 아이

학교에서의 실천 1

사례 제공자인 최경일은 학교사회복지사로 활동하며, 학생이 온전히 성장하기 위해서는 가정, 학교, 지역사회가 함께 변해야 한다는 통합적 접근을 실천의 중심에 두었다. 그는 이러한 통합적 접근 속에 강점관점의 철학을 녹여 내어, 각 체계가 서로의 자원을 인식하고 협력하도록 돕는 데 주력했다. 또한 한국학교사회복지사협회의 창립과 성장 과정에 주도적으로 참여하여, 학교사회복지의 제도적 기반을 다지는 데 기여하였다. 현재는 원주 한라대학교 사회복지학과 교수로 재직 중이며, 강점관점 해결중심 교육과 슈퍼비전을 하고 있다.

현관문 너머에서 자판 두드리는 소리가 계속 들려왔다.

탁탁, 타다닥…….

중학교 3학년 현수의 집 앞이었다. 나는 학교사회복지사로서 그

날도 현수를 만나러 찾아갔다. 하지만 벨을 아무리 눌러도 대답이 없었다. 자판 두드리는 소리만 멈췄다 다시 이어졌다. 마치 현실 세계를 잠시 멈추고, 게임 속 가상세계로 되돌아간 듯한 순간이었다.

… "무슨 게임 좋아해?" 신뢰의 시작은 관심에서

현수는 원래 고등학생이 되어야 할 나이였지만, 인터넷 게임에 빠져 등교 일수가 모자라 1년을 유급했다. 학교에서는 '문제 학생'으로 낙인찍히기 쉬운 상황이었다. 개학을 앞두고, 현수의 담임교사는 나에게 간곡히 부탁했다.

"이번엔 현수가 졸업할 수 있게 좀 도와주세요."

학기 초, 현수는 다행히 학교에 나왔다. 하지만 수업 시간에는 엎드려 자다가 점심 급식만 먹고 조용히 사라지기 일쑤였다. 급식 전인 오전 시간, 겨우 잠든 현수를 깨워 몇 마디 나누는 것이 전부였다. 그렇게 신뢰를 쌓는 과정은 길고 더뎠지만, 나는 포기하지 않았다.

그러던 어느 날, 현수와 마침내 학교사회복지실에서 단둘이 상담하게 되었다. 나는 대화의 문을 열기 위해 먼저 이렇게 물었다.

"요즘 어떤 게임 주로 해?"

그 순간, 늘 바닥만 보던 현수의 눈에 처음으로 생기가 돌기 시작했다. 입이 열리자 지금껏 한 번도 들어 본 적 없는 게임 이름들을 쏟아 내기 시작했다. 캐릭터의 전략, 팀플레이의 방식, 업데이트 소식까지 쉼 없이 이어지는 이야기 속에서, 나는 현수의 첫 번째 강점, 바로 몰입과 열정의 힘을 발견했다. 며칠 뒤 현수는 내게 이렇게 말했다.

"선생님이 자꾸 찾아와서가 아니라, 게임 얘기를 물어봐서 말하게 된 거예요. 다른 사람들은 맨날 하지 말라고만 했는데, 선생님은 처음으로 제 얘기를 궁금해해 줬어요."

··· 마술이라는 예외를 만나다

현수는 여전히 결석이 잦았고, 수업에 제대로 참여하지 않았다. 학교와의 연결 고리가 약한 아이에게 가장 필요한 것은, '자신도 잘하는 게 있다는 경험'이었다. 나는 현수가 흥미 있어 하는 것을 더 깊이 탐색하기 위해 질문을 던졌다.

"게임 말고 인터넷에서 뭐 더 하는 거 있어?"
"인터넷에는 없는데요."

현수는 잠시 고민하다가 대답했다.

"마술이요."

그 말에 나의 마음이 일렁였다.

'아, 내가 현수를 끌어당기려 했구나. 현수가 이미 갖고 있던 답을 들으려 하지 않고, 내가 예상한 길에서만 답을 찾으려 했네…….'

현수의 손재주는 놀라웠다. 작은 카드 한 장으로도 능숙하게 마술을 선보였고, 다양한 트릭과 마술 도구에 대해 놀라울 만큼 잘 알고 있었다. 그 모습이 너무 인상적이어서, 나는 즉시 담임교사와 상의했다.

"현수가 가진 이 재능을 학교 안에서도 살릴 수 있지 않을까요?"

우리는 마술을 직접 경험할 기회를 만들기로 했다. 근처 대학가의 마술 카페를 대여해 방과 후 마술 쇼와 마술 수업을 열었다. 총 세 차례 진행된 이 활동에 현수는 한 번도 빠지지 않았다. 그리고 그 기간 내내 학교 결석도 없었다. 그때였다. 정말 마술처럼 변화가 시작된 순간이었다.

… 평범한 욕구를 회복하다 – 친구들과 운동장에서

하루는 점심시간 복도에서 운동장을 내려다보다가 깜짝 놀랐다. 축구를 하고 있는 아이들 사이에 현수가 있었다. 땀을 흘리며 뛰어다니는 모습은 며칠 전까지 방 안에 틀어박혀 있던 모습과는 너무도 달랐다. 축구가 끝나고 교실로 들어가던 현수는 툭 내뱉었다.

"골 하나도 못 넣었어요. 짜증 나요."

그 퉁명스러운 말조차 나에게는 벅찬 감동이었다. 그날 이후, 현수는 더 이상 상담실에 자주 오지 않았다. 친구들과 어울리고 운동하느라 바빴기 때문이다. 이젠 별다른 질문을 하지 않아도, 그의 변화를 충분히 알 수 있었다. 현수는 스스로 깨닫고 답을 찾은 것이었다.

'나는 혼자가 싫었고, 누군가와 어울리고 싶었다. 움직이고 싶었고, 관심받고 싶었다.'

현우는 스스로의 힘으로 평범한 10대 소년으로 회복되어 가고 있었다.

… 작은 관심이 바꾼 한 사람의 인생

현수는 결국 중학교를 무사히 졸업했고, 컴퓨터에 대한 흥미를 살려 IT 특성화 고등학교에 진학했다. 그리고 지금은 서울의 한 게임회사에서 게임 개발자로 일하고 있다. 중학교 시절 잠깐의 마술 경험은, 지금도 현수에게 삶을 변화시키는 '마법' 같은 기억으로 남아 있다. 도미노처럼 작은 변화가 더 큰 변화를 불러왔다. 처음엔 그저 아이의 관심사에 조금의 관심을 기울인 일이었지만, 그 한 걸음이 현수의 인생을 바꾸는 시작점이 되었다.

학교사회복지는 단순한 개인 문제 해결을 넘어, 학생의 전인적 성장을 위한 통합적 지원을 지향한다. 학생이 지적 · 신체적 · 정서적 · 관계적 측면에서 균형 있게 성장하도록, 학교와 가정, 지역사회가 협력하는 연결 고리 역할을 한다. 우리나라의 학교사회복지는 1990년대 후반에 처음 도입되어, 현재는 '학교사회복지 사업'과 '교육복지우선지원사업' 등으로 확대되었다. 학교사회복지사(또는 교육복지사)는 사회 · 경제적으로 어려움을 겪는 학생들을 직접 발굴하거나, 의뢰를 받아 개입하며, 학생의 심리 · 정서 기능을 향상시키고, 가정과 지역사회의 여건을 함께 개선하여 학교생활이 원활해지도록 지원한다. 또한 모든 학생이 안전하고 즐거운 학교생활을 할 수 있도록 학교문화 개선, 또래 및 교사와의 긍정적 관계 형성, 지역사회 자원 연계 등 다양한 서비스를 통합적으로 제공한다.

학교사회복지는 '환경 속의 인간'이라는 생태체계적 관점을 바탕으로, 학생의 문제를 개인 내부의 결함이 아닌 환경과의 상호작용 속에서 이해한다. 이러한 접근은 기존 학교의 전통적 문제 해결 방식을 넘어, 학생 중심의 혁신적 실천 모델로 자리매김하고 있다.

07
지역과 학교 사이 징검다리

학교에서의 실천 2

사례 제공자 서동미는 2004년부터 초 · 중등학교에서 교육복지사로 활동을 시작해, 이후 교육청의 교육복지조정자이자 사회복지직 공무원으로 근무하였다. 제도적 기반이 미비한 시기에도 학생들의 삶에 실질적인 변화를 만들어 내기 위해 꾸준히 노력했으며, 학교사회복지 관련 연구와 실천을 병행해 왔다. 현재는 수원시정연구원 전문연구위원으로 재직 중이며, 현장의 경험을 바탕으로 지역사회와 교육복지의 연계 방안을 연구하고 있다. 그는 지역기관과의 협력을 통해 교사와 교육복지사에게 실질적인 지원과 역량을 부여하는 것이야말로 진정한 학생 복지의 길이라는 신념으로 현장을 지켜 가고 있다.

··· 내부의 지지를 얻기 위한 작지만 성실한 노력

"쌤, 오늘도 사무실 청소 도와주셔서 감사해요!"
"하하, 제가 한 주에 한 번 맡은 미션입니다!"

교육복지사로 학교 안에서 실천을 막 시작했을 무렵, 무엇보다 절실했던 건 내부의 지지였다. 혼자서 교육복지 사업을 추진한다는 건, 조직 안에서 섬처럼 고립되는 일이기도 했다. 그래서 나는 스스로 정한 목표 하나를 마음속에 새겼다.

'먼저 학교 안에서 신뢰받는 사람이 되자.'

그 시작은 아주 작고 소박했다. 매주 금요일 사무실 청소를 자청했고, 낯선 행정환경에 적응하느라 분주한 새내기 공무원들을 살뜰히 도왔다. 복도에서 마주치는 동료들에게는 늘 먼저 인사를 건넸다. 할 일을 묵묵히 해내며, 조용히 그리고 꾸준히 관계를 다져 갔다.

"선생님은 말은 적지만, 진짜 성실한 사람이에요."

이런 말을 들을 때마다 나는 마음속으로 다짐했다.

'작은 관계 하나하나가 이 사업의 토대다.'

첫 미션이었던 사업계획서 작성에서 나는 강점관점을 적용해 보려 노력했다. '교육복지'라는 이름을 내세우기보다는, 도교육청과 교육지원청의 정책 방향 속에서 교육복지가 어떻게 자연스럽고 의미 있게 녹아들 수 있을지를 고민했다. 관련 문서를 하나씩 살펴보며 교육정책의 큰 그림을 읽어 냈고, 그 안에서 교육복지안전망의 역할과 가능성을 포착했다.

"교육복지 사업이 따로 떼어져 있지 않고, 전체 정책 흐름 안에 잘 녹아 있더라고요."

"성과로 이어질 수 있는 구조도 잘 설계되어 있어요."

계획서를 받아 든 간부들의 반응은 긍정적이었다. 교육복지가 '이질적이고 낯선 영역'이 아니라, 교육현장을 보완하고 확장하는 파트너라는 인식이 조금씩 자리를 잡아 가기 시작했다. 이런 변화는 교육현장에서 강점을 찾고, 그 강점을 연결하며, 가능성에 집중한 노력의 결과였다.

··· 출장도 기록으로 남기면 자산이 된다

교육복지 업무 특성상 외부 출장은 필수다. 하지만 내부에서는 이렇게 보이기 쉽다.

"일주일에 절반은 안 계시는 것 같은데요……."

"무슨 일로 나가셨는지 잘 모르겠어요."

나는 '이동하는 실천가'로서의 신뢰를 얻기 위해, 출장 후에는 간단한 보고 메모를 남겼다. 형식보다는 핵심적인 내용이 중요했다. '누구를 만났고, 어떤 논의가 있었으며, 다음 스텝은 무엇인지'가 명확한 보고는 바쁜 행정조직 안에서 실천가의 역할을 '잘 보이게' 해 주었다.

··· 학생을 둘러싼 기관을 하나의 팀으로 묶기

시간을 투자해 지역 기관을 하나하나 방문했다. 가족센터, 청소년상담복지센터, 정신건강복지센터 등 학생을 지원할 수 있는 자원을 발굴하는 작업이었다. 그러던 중 한 복지관 팀장의 말이 마음에 꽂혔다.

"학생들을 돕고 싶지만, 학교 문턱이 너무 높아서 접근하기가 어려워요."

며칠 뒤, 내부 협의회에서 들은 또 다른 이야기.

"학교에서는 지역과의 연계를 정말 원해요!"

이 목소리들을 듣고 직감했다.

'이 둘 사이를 연결하는 징검다리가 필요하구나.'

나는 곧 교육지원청 내부를 분석하여 6개 부서의 교육복지 관련 사업을 정리하고, 해당 담당자들을 모아 협의회를 구성했다.

"이미 존재하는 자원을 발견하고, 서로 연결해 보지요."
"이 사업으로 다 할 순 없지만, 우리가 함께 시작할 수 있는 플랫폼입니다."

"연결의 가능성을 확인하고, 함께 만들어 보는 것이죠."

다양한 기관의 요구를 수용하고 조율하며, 공동의 목적을 세워 나갔다. 이런 방식은 문제를 분석하기보다, 협력할 수 있는 사람과 단체를 찾아 그들이 이미 하고 있는 노력을 토대로 해결방법을 만들어 가는 것이었다.

··· 붕괴 직전의 교실, 교사의 마음을 먼저 안다

6월의 어느 날, 한 통의 전화가 걸려 왔다.

"4학년 담임이 너무 지쳐 있어요. 좀 도와주실 수 있을까요?"

연수는 교육지원청에서 내가 처음 사례로 맡게 된 학생이었다. 교감은 학부모와 학생이 같이 와야 한다고 했지만, 나는 교사의 이야기를 먼저 들어야 한다고 생각했다. 학교 상담실에는 담임교사, 상담교사, 4학년 부장이 모여 있었다. 담임교사는 한참을 말없이 앉아 있다가 조심스럽게 입을 열었다.

"교실이…… 무너지고 있어요. 정말 지칩니다."

학교에서는 이미 연수를 돕기 위한 노력을 다양하게 펼쳤다. 상담, 집단 프로그램, 친구 매칭까지. 하지만 전학생이 온 이후 연수는 교실에서 문제 행동을 보이기 시작했고, 담임교사는 점점 지도력을 잃어 가고 있었다.

"아이도 힘들겠지만, 저도…… 상담을 받아 보고 싶어요."

그 말에 나는 곧바로 '교직원 마음건강지원사업'을 떠올렸다. 교사에게 관련 정보를 알려 주면서 이렇게 말했다.

"선생님 많이 애쓰셨네요. 학급을 책임 있게 이끌어 보려고 노력하신 것을 충분히 알 것 같아요. 선생님도 자기 자신을 돌보는 것이 필요하고 제가 도울 방법이 없는지 찾아볼게요."

담임교사와의 관계 구축은 변화의 시작이 되었다.

…함께 고민해 주셔서 숨통이 트이네요

"담임선생님이 너무 지쳐 있어요. 혼자서는 감당이 안 된다고 하시더라고요."

학생의 문제를 담임교사 한 사람, 학교의 힘만으로는 해결하기 어렵다는 것을 모두 잘 알고 있었다. 그래서 곧바로 움직이기 시작했다. 동사무소, 드림스타트, 복지관, Wee센터……, 연수에게 도움이 될 만한 모든 기관을 찾고, 직접 발로 뛰며 만나기 시작했다.

'누가 이 아이를 도울 수 있을까?'

‘어떤 자원이 실질적으로 연결될 수 있을까?’

그렇게 사람과 자원을 엮어, 마침내 통합사례회의가 성사되었다. 무려 8개 기관이 함께했다. 복지, 상담, 건강, 교육……, 서로 다른 언어를 쓰던 기관들이 한자리에 모였다.

“저희 기관에서는 이런 지원이 가능합니다.”
“그럼 저희가 이 부분을 맡을게요.”

각 기관이 연수에게 지원할 수 있는 자원을 내놓고, 역할을 분담하기 시작했다. 그 중심에서 나는 조율하고 연결하는 역할을 했다. 누구 하나 소외되지 않고, 각자의 강점이 잘 활용되도록 조율했다. 그리고 복잡한 행정 절차를 정리하고 중복 지원이 되지 않도록 조정했다. 이 회의는 단순한 업무 분장 회의가 아니라, ‘함께 연결되었다는 연대감’을 실감하는 자리였다. 회의가 끝나 갈 무렵, 담임교사는 울컥한 표정으로 이렇게 말했다.

“처음엔 제가 혼자라고 느꼈거든요. 근데 지금은…… 누군가와 같이 있다는 사실만으로도 정말 힘이 돼요.”

그 말을 들으며 나는 되새겼다.

‘중요한 건, 우리가 연결되어 있다는 걸 서로 아는 것.’

이 사례를 진행하며 나는 ‘효과가 있으면 더 하고, 효과가 없으면 다르게 하는' 해결중심 실천의 핵심 원칙을 늘 마음에 두었다. 담임 교사와 연수 사이에 긍정적 상호작용이 있었던 순간들을 기억하게 하고, 그 관계가 학생에게 효과적이었음을 함께 찾아냈다. 그러자 선생님도 다시 연수에게 마음을 열기 시작했다. 반면, 크게 도움이 되지 않던 고비용의 심리검사 서비스는 중단했다. 학생과 어머니 모두 그 과정에 부담을 느끼고 있었고, 검사 결과가 실제 개입으로 이어지지도 않았다. 대신 접근성이 높고 직접 개입이 가능한 지역기관들과의 연결을 시도했다.

함께한 기관들은 이 모든 과정에 담긴 '강점관점 해결중심 실천의 가치'를 이해하지 못했을 수도 있다. 하지만 그들은 분명히 느꼈을 것이다.

"함께하는 것이, 진짜 도움이 되는 일이구나."

교육복지우선지원사업은 단순한 경제적 지원을 넘어 학교 안에서 복지 서비스를 통합적으로 제공하는 정책이다. 2003년 교육인적자원부가 도시 저소득층 밀집 지역의 학생 지원을 위해 시작했으며, 학교와 교육청에 교육복지사를 배치해 학생 · 가정 · 지역사회를 긴밀히 연결하는 체계를 구축했다. 이를 통해 학생 개개인의 욕구를 중심으로 한 맞춤형 지원이 가능해졌고, 학교 복지의 대표적 모델로 자리매김하였다.

그러나 제도적 · 행정적 제약으로 교육복지사 확대가 어려워지고, 코로나19로 돌봄 공백이 커지면서 지원의 한계가 드러났다. 이에 교육부는

2021년 '교육복지안전망 사업'을 도입해 교육복지사가 없는 학교도 지원 받을 수 있도록 교육지원청 단위의 사회복지직 공무원을 배치하기 시작하였다. 이 사업은 모든 학교에 위기학생 발굴, 긴급 지원, 지역협력, 통합 사례관리 연계를 통해 보다 체계적이고 촘촘한 서비스를 제공하고 있다.

또한 2023년부터 학생맞춤통합지원 시범 운영과 「학생맞춤통합지원법」 제정(2025년) · 시행(2026. 3. 1.)으로 학교와 교육청에서는 복지 · 심리 · 위기 · 기초학력 등 학생 지원 영역을 하나로 통합하고, 개별 학생의 상황에 따라 맞춤형 서비스를 연계 · 조정하는 체계로 발전하고 있다. 이를 통해 학교 중심의 복지체계는 지역 기반의 통합지원체계로 확장되며, 교육복지가 한층 포괄적이고 지속 가능한 형태로 진화하고 있다.

08
함께 만들어 가는 안전망, '여행중'

종합사회복지관에서의 실천 1

사례 제공자 김영례는 실직 노숙인들을 만나면서 사회복지 현장에 발을 딛었고, 개인, 가족, 지역사회의 역동, 변화를 포착하는 즐거움으로 20년 넘게 면목종합사회복지관에서 일하고 있다. 삶의 맥락을 중요하게 여기는 질적 연구자이며, 주민의 관계망을 살리는 일에 힘을 보태는 실천가다.

"저…… 이 번호 맞나요? '여행중'이라고 해서 전화했는데……, 죽기 전에 여행 한번 가 보려고요. 근데…… 이게 무슨 여행인지는 잘 모르겠어요."

처음 전화했던 이용자의 떨리는 목소리가 지금도 생생하다. 잠시 정적이 흐른 뒤, 나는 웃으며 답했다.

"짐은 안 싸셔도 돼요. 마음 하나면 충분한 여행이에요. 우리 같이

한 걸음씩 가 보는 거예요."

이 '여행'은 짐을 꾸려 멀리 떠나는 여행이 아니다. 그보다 훨씬 깊고 따뜻한 여행, 바로 자기 자신을 이해하고 표현하는 여정이다.

··· 마음을 나누는 연습 그리고 연결의 시작

2013년, 우리 구의 우울감이 높은 중년 여성의 비율은 서울시 평균보다 높았고 이들에 대한 우려가 가득했다. 각 기관들은 이들의 문제에 집중한 서비스를 내놓기 시작했다. 하지만 우리는 그들의 문제보다 가능성에 주목했다. '우울하다'는 상태는 고립과 침묵으로 이어지지만, 그 안에 감춰진 자원과 잠재력은 무궁무진했다.

이용자들은 자신의 마음을 말로 표현하는 것이 서툴렀고, 몸으로는 표현할 수 있을 것 같다고 했다. 그래서 첫 만남은 말로 표현하지 못하는 감정을 몸의 대화를 통해 풀어내는 것으로 시작했다.

"제가 뭘 잘하는 사람인 줄 몰랐어요. 근데 제가 여기서 무용할 때만큼은 정말 살아 있는 느낌이에요."

몸이 움직이자, 마음도 조금씩 열렸다. 익숙하지는 않지만 안전한 관계 속에서 이용자들은 자신이 누구인지, 무엇을 느끼고 있는지를 알아 가기 시작했다.

"마음 나누기 시간이 참 좋아요. 어떤 말을 해도 다 이해받는 기분이에요.”

매월 한 번, 둥그렇게 둘러앉아 차를 나누며 시작한 ‘마음 나누기’ 시간. 처음엔 조용했다. 누구도 먼저 말을 꺼내지 않았다. 하지만 한 사람이 조심스럽게 입을 열자, 또 다른 이가 고개를 끄덕이며 말을 이었다.

“나만 그런 줄 알았는데……, 아니었네요.”

우울이라는 언어 대신, 이해와 공감이라는 언어가 자리를 잡기 시작했다. ‘나’의 이야기가 곧 ‘우리’의 이야기가 되는 순간들, 그것이 회복의 시작이었다.

··· 하고 있는 것이 효과 있다면, 더 하기

우리는 늘 스스로에게 물었다.

“지금 이 활동이 자신에게 그리고 상대방에게 힘이 되고 있는가?”

그동안 받고 있던 치료 중 효과가 있었다면 지속하게 했고, 심리상담이나 치료가 도움 되지 않고 부담스러운 사람이 있다면 과감히 중단했다. 대신에 그 시간을 이용자들이 원하고 쉽게 참여할 수 있는 글쓰기 모임이나 그림일기, 노래 부르기 같은 활동으로 채웠다.

"그림 그릴 때는, 그냥 아무 생각이 안 나요. 그게 좋아요."

이용자는 '전문가의 도움을 받는 수동적인 존재'가 아니라, 삶의 주인공이자 서로에게 힘이 되는 능동적인 존재가 되어 갔다. 우리는 그저 조금 더 기다리고, 이용자가 걷게 되면 함께 걸었다.

··· 우리가 주인이 되는 모임

"처음에는 그냥 봉사라고 생각했어요. 그런데요, 하다 보니까 제가 더 많이 받는 것 같아요."

어르신과 함께하는 멘토링 봉사활동은 이용자들의 자아정체감을 높이는 중요한 매개체가 되었다. 장보기를 도와드리며, 직접 만든 간식을 건네며, 그들은 '누군가에게 도움이 되는 존재'라고 자각하게 되었다.

"제가 만든 떡을 드신 어르신이 '꼭 내 딸 같다'고 하셨어요. 그 말이…… 하루 종일 생각났어요."

이용자들은 함께 웃고, 함께 먹고, 함께 손잡고 걸으며 삶의 소중함을 다시 느꼈다.

'여행중'은 단지 복지관에서 제공하는 프로그램이 아니었다. 이용자들은 스스로 기획하고, 의견을 조율하며, 자신들의 속도로 나아갔다. 회비도 걷고, 반장도 뽑고, 직접 회의도 진행했다.

"우리 다음엔 꽃구경 가면 어때요? 봄에."
"좋아요, 대신 이번엔 간식은 제가 맡을게요."

작은 결정 하나하나가 자율성과 자기효능감을 키워 주었다. '우리의 프로그램'이라는 주인의식은 자연스럽게 공동체성을 굳건하게 만들었다.

멘토로서 또 다른 중년 여성에게 손 내밀기

3년 차부터는 '여행중' 이용자들이 우울감을 겪는 또 다른 여성들의 멘토가 되는 동료상담가 훈련을 시도했다. 그러나 정형화된 상담 방식은 부담이 되었다.

"제가 뭘 도와줄 수 있을지 모르겠어요. 하지만 지치지 않고 옆에 있는 것은 할 수 있을 것 같아요."

바로 여기에서 우리는 실마리를 찾았다. 형식보다 관계, 지도보다 동행. '상담사'가 아니라 '함께하는 이웃'으로 존재하는 것. 그것이 오히려 더 깊은 연결을 만들어 냈다.

"제가 그랬거든요. 처음 전화할 때…… 너무 무서웠어요. 근데 누군가 내 얘길 들어 준다는 게 그땐 정말 컸어요."

누군가에게 도움을 청하기조차 어려웠던 이들이, 이제는 자신이 누군가의 첫 전화를 받아 주는 사람이 되었다.

"같은 아픔을 겪은 사람들이라 그런지, 서로 배려하며 더 따뜻해졌어요. 이젠 정말 '함께'예요."

'여행중'은 멀리 가지 않아도 가능한 여행이었다. 서로를 있는 그대로 바라보고, 조금씩 자신의 마음을 표현하며, 나와 타인을 돌보는 여정. 그렇게 중년 여성들은 우울을 이겨 낸 사람이 아니라, 삶을 살아가는 강한 사람으로 자신을 새롭게 만나고 있었다. 지금도 '여행중' 회원들은 이웃의 죽을 챙기고, 어르신에게 말을 걸며, 동네 소식을 나누고 있다. 삶을 나누는 일상의 힘이 곧, 이 마을의 안전망이 된 것이다.

사회복지관은 지역사회의 특성과 주민의 욕구를 고려하여 지역복지 증진 사업을 수행하는 종합 복지기관이다. 모든 지역주민을 대상으로 하지만, 기초생활수급자, 차상위 계층, 장애인, 노인, 한부모 및 다문화가족, 청소년, 취약 아동 등 사회적 보호가 필요한 집단에 우선 서비스를 제공한다.

사회복지관은 보호, 교육, 자립지원, 상담, 지역연계 등의 서비스를 통해 개인의 삶의 질을 높이고, 주민 간 유대감을 증진하며 지역사회 문제를 예방하고 해결하는 중심 역할을 수행하고 있다. 최근에는 기존의 3대

기능(사례관리, 서비스 제공, 지역조직화)을 넘어, 지역사회 속으로 직접 들어가 주민과 함께 문제를 해결하는 방향으로 실천 방식이 진화하고 있다. 특히 코로나19 이후 실직, 돌봄 공백, 가족 해체 등의 문제가 증가하면서, 사회복지관은 유연하고 통합적인 대응체계를 통해 지역의 '복지 사각지대'를 발굴하고, 주민 중심의 해결을 지원하는 중요한 복지 거점이 되고 있다.

09

범죄자인가?
도움이 필요한 사람인가?

종합사회복지관에서의 실천 2

사례 제공자 이선숙은 사회복지를 전공한 후 자연스럽게 현장에 발을 들인 뒤, 지난 20여 년 동안 복지관, 공공기관, 자활센터 등 다양한 사회복지 영역에서 지역사회와 주민들을 만나 왔다. 누구보다 '열심히' 실천하다 스스로 소진되었다고 느꼈던 어느 날, 강점관점 해결중심 실천을 만났다. 이는 새로운 자극이자 회복의 기회가 되었고, 이용자의 속도에 맞추어 함께 걸어가는 실천은 그 자체로 '재미있고, 힘이 나는 일'이었다. 이선숙은 변화를 이끌기보다 변화 곁에 머물 줄 아는 실천가가 되기를 꿈꾼다.

… 특별한 경찰과의 만남, "범죄자인가? 도움이 필요한 사람인가?"

"그 사람 또야?"

"응, 어제도 가게에서 물건 훔치다 걸려서 경찰이 왔다 갔대."

대훈 씨가 사는 동네에는 늘 긴장감이 감돌았다. 사람들은 그를 '미친 사람'이라 불렀다. 가게에서 물건을 훔치고, 불을 지르고, 길 가던 사람에게 주먹을 휘두른 적도 여러 번. 그가 거리 어귀에만 서 있어도 사람들은 시선을 피하거나 발걸음을 돌렸다.

대훈 씨는 몸이 굳고 둔해지는 희귀난치성 질환을 앓고 있었다. 병이 진행되면서 약물에 대한 집착이 심해졌고, 과다 복용 후에는 이상행동이 반복됐다. 주민 신고와 경찰 출동이 잦았고, 그는 폭행 · 방화 · 절도 · 공무집행방해 등으로 처벌을 받고 있었다. 그러나 모두가 그를 두려워하거나 혐오할 때, 한 사람만은 달랐다. 그를 담당한 경찰관이었다.

"혹시 이 사람, 범죄자가 아니라 아픈 사람 아닐까요?"

그 경찰은 대훈 씨의 행동이 의도적인 게 아니라 질병의 영향일 수 있다고 보았다. 약물 복용량과 행동 사이의 상관관계를 유심히 살핀 끝에, 그가 불안감을 이기지 못해 약을 과다 복용하고, 그로 인해 폭력적인 행동을 하게 된 것이라는 사실을 발견한 것이다.

"이건 처벌로 해결될 일이 아니야."

경찰은 복지관에 연락했다. 대훈 씨의 문제는 오래 지속되어 왔지만 복지 서비스에 연결된 적은 단 한 번도 없었다. 모두 형사사건으로만 여겨졌고, 그렇게 파출소와 교도소를 오가는 시간만 반복되었을 뿐이었다.

··· 사각지대에 있던 대훈 씨, 도움을 묻다

"무엇을 도와줄 수 있나요?"

첫 만남에서 대훈 씨가 내게 건넨 질문이었다. 기대라기보다는 체념에 가까운 말투였다.

"대훈 씨는 어떤 도움이 필요하신가요? 지금 삶에서 가장 바꾸고 싶은 건 무엇인가요?"

내 질문에 대훈 씨는 잠시 멈칫하며 나를 바라보았다. 늘 비난받고 처벌만 받아 온 그에게 '도움'이라는 단어는 낯설고 의심스러웠을 것이다.

"가장인데, 가장 노릇을 못 해요. 경제적으로 좀 도와줄 수 있나요?"

대훈 씨는 건강 악화로 일을 할 수 없었고, 그의 가족은 사건 합의금과 치료비 마련에 허덕이고 있었다. 아내는 임신한 몸으로 무리하게 일을 하고 있었다. 나는 그가 진심으로 원하는 것이 무엇인지 파악한 뒤, 다음 만남을 약속했다.

… 아는 척하지 말고 더 물어보기

나는 대훈 씨를 진단하거나 판단하지 않았다. 대신 질문을 던졌다.

"경제적으로 나아지면 어떤 점이 달라질까요?"

"가족들이 덜 힘들겠죠. 아이가 곧 태어나는데……, 아내가 너무 힘들어해요. 미안하죠."

그 말속에서 나는 '책임감'과 '사랑'을 보았다. 우리는 약점을 끄집어내는 대신, 그가 진심으로 원하는 것에 초점을 맞추었다.

"아내가 임신한 걸 볼 때 어떤 마음이 드세요?"
"책임감이라는 건 대훈 씨에게 어떤 의미인가요?"
"약을 덜 먹은 날도 있었잖아요. 그날은 뭐가 달랐나요?"

질문 속에서 대훈 씨는 자신의 마음을 들여다보고, 강점을 발견해 갔다. 그는 "가족을 생각하면 약을 덜 먹을 수 있었다."라고 말하며, 변화의 가능성을 열어 보였다.

… 욕구를 중심에 두다

나는 '사람은 변화할 수 있는 존재'라는 믿음을 가지고, 대훈 씨와 작은 목표부터 세우기 시작했다.

"나 진짜 일하고 싶어요. 떳떳하게 계약서 쓰고, 월급도 밀리지 않는 데서요. 이력서 써 본 적은 없지만 해 볼게요."

그의 말에는 미래에 대한 희망이 담겨 있었다. 나는 대훈 씨의 욕구뿐 아니라, 그의 가족과 주변 사람들의 바람도 함께 살폈다. 변화는 이용자 혼자만의 노력으로 이루어지기 어렵기 때문이다.

처음엔 욕구가 엇갈렸다. 아내 영주 씨는 남편이 정신과 협진이 가능한 병원에서 치료받기를 원했고, 대훈 씨는 경제적 문제 해결을 최우선으로 보았다. 그러나 대화를 이어 가며 모두의 마음속에 '태어날 아이를 잘 키우고 싶다.'라는 공통된 바람이 있다는 걸 알게 되었다.

나는 가족의 다양한 욕구를 조율하고, 우선순위를 함께 정해 갔다. 생활 안정, 출산 준비, 질병 치료, 관계 회복 등이 실질적인 목표로 설정되었고, 각자 실천 가능한 계획을 세웠다.

··· 강점을 활용하여 이용자 스스로 답을 찾아가기

"그날은 뭐가 달랐기에 약을 덜 먹을 수 있었을까요?"
"당신이 책임감 있게 행동할 수 있었던 이유는 뭘까요?"

직접적인 조언 대신, 스스로 답을 찾을 수 있도록 질문을 던졌다. 대훈 씨는 가족을 생각하면 약을 덜 먹을 수 있었고, 그건 자신에게 중요한 '책임'의 표현이었다.

"아내가 그런 모습을 보면 뭐라고 할까요?"
"이렇게 노력하는 당신을 보고 가족은 어떤 생각을 할까요?"

이처럼 관계 중심 질문은 대훈 씨에게 변화를 지속할 동기를 부여했다. 그는 더 이상 혼자가 아니었고, 가족을 지키고 싶은 마음이 그를 움직이고 있었다.

… 가족과 함께 해결하기

사례관리의 핵심은 '함께하는 과업'이다. 이용자와 가족 그리고 사례관리자가 각자의 역할을 명확히 하고 함께 실천해 나가야 한다. 대훈 씨의 가족은 다음과 같은 실행 계획을 세웠다.

목표	실행 계획	담당
생활비 확보	• 공적 지원에 대한 상담 받고 신청하기	남편, 아내
주택 구하기	• LH 임대주택에 대한 상담 받고 신청하기 • 이사에 대해 가족회의 진행 후 이사할 지역 결정하고 집 알아보기 • 이사 비용 마련하기	가족 모두
출산 준비	• 출산 시 예상되는 의료비 미리 알아보고 마련하기 • 주변 사람들에게 물려받을 수 있는 육아 용품 알아보고 요청하기	아내

	• 출산용품비 지원에 따라 필요한 품목 정리하고 저렴하게 구입할 수 있는 곳 알아보기 • 남편과 함께 출산용품 구입하기	
질병 치료	• 희귀난치성 질환과 정신과 치료가 가능한 병원 안내와 긴급 입원 지원	사례관리자
약 복용 조절	• 포기하지 않고 꾸준히 치료받기 • 처방전에 따른 약 복용하기(하루에 3봉 이상 먹지 않기)	남편
불안 대처	• 마음이 불안할 때 음악 듣고, 가족 생각하기 • 남편이 거동할 수 있는 시간에 함께 외출하기	남편, 아내
가족 의사소통	• 결정한 일에 대해 가족이 함께 의논하기 • 가족이 함께 계획 세우기	가족 모두, 사례관리자
이웃 관계 회복	• 컨디션이 좋을 때 이웃을 만나면 먼저 인사하기	남편

··· 변화를 만드는 경험, 관계를 회복하다

대훈 씨가 반복적인 이상행동을 보일 때, 가족 해체에 대한 우려도 컸다. 사례관리자는 입원치료와 그 이후 상황에 대해 가족이 스스로 결정할 수 있도록 정보를 제공하고 상담을 이어 갔다.

초기 상담에서 대훈 씨 아버지는 "같이 상의할 대상이 없어 더 힘들었다."라고 털어놓았다. 미안한 마음에 며느리와도 충분히 대화하지 못했던 것이다. 사례관리자는 가족 간 소통의 중요성을 알리고, 작은 결정부터 함께 의논하는 경험을 할 수 있도록 도왔다.

그리고 제안했다. 하루 중 컨디션이 좋은 시간을 활용해 부부가 함께 산부인과에 다녀오고, 출산 준비물도 함께 고르자고. 이는 새로운 생명의 탄생에 대한 기대와 책임감을 공유하는 소중한 시간이 되었다.

사례 개입 전, 대훈 씨 가족은 외부 자원이 거의 없었다. 그러나 개입 후에는 공적 자원을 통해 기초수급 신청, 주거 지원, 육아용품 후원 등을 받게 되었고, 삶의 기반이 조금씩 회복되었다.

"힘들 땐 포기하고 싶다는 생각도 했지만 이젠 모든 가족이 함께 우리 남편을 사랑으로 품을 겁니다. 분명 지금보다 좋아질 거라 믿어요." (아내)

"사랑하는 우리 아들과 며느리에게 조금이라도 힘이 되고 싶어요." (아버지)

가족은 합가를 통해 서로 돌보고 협력하는 일상으로 변화했고, 이웃과도 인사를 나누며 관계를 회복해 갔다. "좋아 보이네."라고 인사하는 이웃의 말, 출산용품을 나눠 주는 손길, "더 도울 방법을 찾겠다."라는 공무원의 말 한마디는 이 가족의 삶을 따뜻하게 감싸 주었다.

"우리 아이가 사용했던 전기보온통인데 신생아 키울 때 아주 유용합니다. 깨끗하게 사용했어요. 그리고 몇 가지 물품이 더 있는데 나누고 싶네요." (이웃)

"이 가족에 더 도움 드릴 수 있는 방법이 뭐가 있는지 찾아보겠습니다." (공무원)

여전히 병은 있지만, 과거처럼 사건이 반복되지 않았다. 복지에 무관심하고 고립되어 있던 가족은 이제 도움을 요청하고, 변화를 만들어 내는 주체가 되었다. 이웃의 인식도 달라졌다. 공포의 대상이었던 대훈 씨가 이제는 안부를 묻는 이웃이 되었고, 지역사회도 조금씩 안정되기 시작했다. 대훈 씨 가족은 타 지역으로 이주하며 사례를 종결하게 되었고, 그 과정에서 사후 계획도 함께 세웠다.

사례관리자는 종결을 '문제의 완전한 해결'이 아닌 '현재 목표의 달성'으로 보았다. 사례관리자는 문제를 해결하려 애쓰기보다는, 이용자가 이미 만들어 낸 '예외 상황'과 그 안에 있는 강점을 찾아냈고, 그것을 활용해 스스로 변화의 주체가 될 수 있도록 지원했다.

사례관리는 단순히 문제를 해결해 주는 것이 아니라, 이용자가 자신의 삶을 주체적으로 이끌어 갈 수 있도록 돕는 협력 과정이다. 이때 강점관점 해결중심 실천은 이용자가 이미 지닌 자원과 강점을 발견하고 이를 활용해 변화를 일으키는 데 초점을 맞춘다. 클라이언트는 자기 삶의 전문가이며, 실천가는 동행자다. 이런 관점에서 실천가는 이용자를 무능한 사람으로 보지 않고, 변화의 능력을 지닌 존재로 존중한다. 사례관리는 단지 개입이 아닌 관계를 중심으로 진행하며, 이용자의 가능성을 함께 찾아가는 여정이다.

특히 강점관점 해결중심 사례관리는 문제보다는 '해결'에, 실패보다는 '성공 경험'에 주목한다. 실천가는 이용자가 원하는 변화와 희망을 구체적인 언어로 확인하며, '이미 잘하고 있는 것'을 확대해 나가는 방식으로 접근한다. 문제의 원인을 분석하기보다 '무엇이 효과가 있었는가'에 초점을 맞추며, 작은 변화가 큰 변화를 이끌 수 있다는 믿음으로 이용자의 노력과 시도를 지지한다. 실천가는 이 여정에서 질문을 통해 이용자의 새로운 이야기를 이끌어 내고, 그 이야기가 이용자의 행동을 변화시키는 힘이 되도록 돕는다. 사례관리는 결국, 이용자의 가능성을 믿고 함께 발견해 나가는 과정이다.

10
그럼에도 곁에 있기

장애인복지관에서의 실천

사례 제공자 김선정은 종합사회복지관에서 사회복지 실천을 시작했다. 이후 우리아이희망네트워크 사업 지원단에서 활동하며 강점관점 해결중심 실천을 깊이 있게 경험했다. 현재는 안산상록장애인복지관 관장으로 재직하며, 장애의 구분 없이 존재 그 자체가 존중받는 복지를 현장에서 실천하고 있다. 그가 만들고자 하는 현장은 함께 살아가며 숨 쉴 틈이 있는 복지다. 누구나 편하게 어울려 사는 장애인친화마을에서 다름이 함께 숨 쉬는 삶을 그려 가고 있다. 앞으로도 그는 현장의 실천가들에게 비빌 언덕이자 숨 쉴 구멍 같은 든든한 복지인이 되기를 꿈꾼다.

··· 사례 1. 고기 너머에 있는 진짜 욕구를 찾아서

지은 님은 뇌전증과 지적장애를 가진 50대 여성으로, 서울에서 동생과 함께 살다가 동생이 결혼하며 우리 동네로 내려와 혼자 생활하고 있었다.

실천가는 상담 중 이렇게 물었다.

"지금보다 조금 더 잘 지내시려면 뭐가 달라지면 좋을까요?"

지은 님은 매번 "고기를 먹으면 많이 달라질 거예요."라고 답했다.

"전에는 고기를 잘 먹어서 아프지 않았는데, 지금은 못 먹으니까 힘들어요."

'고기'를 사례관리 목표로 삼을 수 없어 고민하던 실천가는, 김지은 님의 '고기' 너머 의미를 더 살펴보기로 했다. 고기를 잘 먹지 못하는 이유가 무엇일지 물었고, 수급비 내역을 함께 살펴보았다. 월세와 공과금, 휴대전화 요금 그리고 서울로 교회를 다니는 교통비가 대부분을 차지했다. 특히 지은 님은 이곳에 아는 사람이 없어 서울에 있는 교회를 다니고 있었다.

"이곳에도 아는 사람이 있다면 가까운 교회에 다니실 생각 있으세요?"
"네, 그럼 좋겠어요. 서울까지 다니느라 몸도 힘들고 돈도 많이 들어서요."

복지관 직원과 함께 가까운 교회를 연결해 드리자, 지은 님의 생활은 크게 달라졌다. 교회 권사님과 김치를 담그고, 혼자 지내던 집에 교인들이 모여 예배를 드렸다. 한글을 몰라 어려워하던 지은 님에게 교회에서 평생학습관 한글 교실을 소개했다. 한글을 배우고,

복지관에서 사람들과 함께 요리하며 음식을 나누고, 탁구 모임에도 참여했다. 이렇게 이웃과 교인들 사이에서 교류가 늘어나면서, 지은 씨는 손글씨로 집들이 초대장을 써서 이웃을 초대하기도 했다.

'만약 지은 님이 '고기' 이야기만 하고 거기서 멈췄다면, 혹은 '운동'이나 '영양제'를 권하면서 상담을 끝냈다면 이런 변화가 가능했을까?' 이 사례는 실천가가 이용자의 말 너머 진짜 욕구를 발견하는 것이 얼마나 중요한지 보여 준다. 경험이라는 틀에 갇히지 않고, 이용자의 삶과 생각에 진심으로 궁금해하며 묻는 용기가 필요했다.

··· 사례 2. 분명, 그럴 만한 이유가 있을 거라 믿고 따라가기

"가정방문 다녀온 직원이 자기 몸에 섬유탈취제 한 통을 거의 다 뿌렸는데도, 이상한 악취가 사무실까지 퍼졌어요. 고양이가 12마리나 집 안팎을 누비는 곳이었거든요."

이 집은 직원들 사이에서 '고양이 아저씨 집'으로 불렸다. 그 많은 고양이가 그 집에 머무르는 데는 분명 그럴 만한 이유가 있을 것이라 믿고, 우리는 그 이유를 함께 찾아보기로 했다. 담당 직원과 함께 다세대 주택 지하층 입구를 지나 집 안으로 들어서자마자, 숨이 턱 막히는 악취가 코를 찔렀다. 세탁기 위와 싱크대 위에는 고양이들이 편안히 자리 잡고 있었고, 바닥과 화장실은 고양이 분비물로 뒤덮여 있었다. 집주인은 침대 위 공간만 겨우 치워 그곳에서 생활하고 있었다.

“이런 환경에서 어떻게 지내시는지요. 냄새가 나지 않나요?”

이런 질문을 하는 것이 쉽지 않았다. 그러나 인성 님은 자신에게 닥친 고난을 차분히 이야기했다. 사고로 장애를 얻고 실직과 사기 피해까지 겪은 후, 이곳으로 이사 와 홀로 지냈고, 길고양이에게 먹이를 주며 돌보기 시작했다고 했다. 어느 날 집에서 쓰러졌는데 고양이가 핥아 줘서 정신을 차리고 119를 부를 수 있었다고 했다. 그 후 고양이가 새끼를 낳아 12마리까지 불어난 것이다.

“인성 님, 고양이가 얼마나 소중한지 알겠습니다. 하지만 저희는 무엇보다 인성 님의 건강이 가장 중요하다고 생각합니다. 어떻게 하면 함께 도움을 드릴 수 있을까요?”

처음엔 감당할 만했지만, 점점 늘어난 고양이와 건강 악화로 지금은 청소조차 힘들어졌다고 했다. 인성 씨는 가장 먼저 집 청소를 하고 싶다고 했고, 실천가는 지역 청소업체와 이웃 주민들의 도움을 받아 청소 준비를 했다. 그러나 인성 님이 갑작스레 입원하면서, 집주인 부재 상태로 청소를 진행해야 했다.

“버려야 할 것과 남겨야 할 것을 알려 주세요.”
“약봉지는 꼭 남겨 주세요. 입을 옷 몇 벌도 남겨 주세요.”
“이불도 거의 다 버려야 해요. 제일 괜찮은 것 한 장만 남겨 주세요.”

실천가는 인성 님의 뜻을 존중했다. 그러나 청소하는 것이 쉽지는 않았다. 날이 따뜻해지자 얼어붙었던 고양이 배설물이 녹으며 집 안을 끈적하게 덮었고, 특수 세제와 장비를 써도 냄새가 쉽게 가시지 않았다. 결국 도배와 장판 교체까지 해야 하는 상황이 되었다.

"창문은 꼭 열어 두세요."

청소 전, 고양이가 드나들 수 있도록 창문을 열어 두기로 인성 님과 약속했다. 문을 닫으면 고양이가 굶을까 걱정했기 때문이다. 하지만 청소 후 이웃들이 문을 닫아 고양이가 모두 사라졌다. 인성 님은 슬픔에 잠겼고, 실천가는 이웃들과 상황을 조율해 다시 창문을 열고 고양이들이 돌아오게 도왔다.

고양이 새끼 두 마리는 전단지 홍보를 통해 가까운 주민과 복지관에서 새 가족을 만났다. 고양이를 모두 보내고 나서야 인성 님은 오랫동안 연락이 뜸했던 지인들과 다시 소통하고, 새로운 이웃과 어울리며 지내게 되었다.

··· 사례 3. 그럼에도 불구하고, 곁에 있기

하영 님은 망상과 환청 증상이 있는 장애인으로 네 아이를 혼자 키우는 아버지다.

"선생님. 개구리 다섯 마리랑 황금 공작새 두 마리 받아 주세요."

"선생님, 저 감시하고 있죠. 다 알아요. 제발 저 좀 그만 내버려두세요."

"선생님, 지진 났잖아요. 저는 왜 그걸 미리 느낀 거죠?"

"선생님, 이제 저 좀 그만 괴롭히세요."

하영 님은 시도 때도 없이 전화하여 실천가를 힘들게 했다. 장애가 있고, 자기 이야기를 할 곳이 없어서 전화한다는 것을 알고 있었지만, 바쁠 때는 하영 님의 이야기를 듣는 것이 쉽지 않았다. 어떤 날은 '사회복지사가 이래도 되나?' 싶을 정도로 화도 내고, 어떤 날은 "저 정말 힘들어요."라고 읍소하기도 했다. 실천가들은 하영 님 때문에 실천의 한계를 깊이 고민하기도 했다.

시간이 지나 인내심이 바닥을 치자, 실천가는 오히려 자포자기하는 심정으로 '하영 님이 정말 원하는 게 뭘까?' '이분도 살아가는 이유가 있을 텐데, 그게 대체 뭘까?'를 생각하게 되었다. 하영 님은 망상에 사로잡힌 순간에도 아이들만큼은 끔찍하게 생각했다. 특히 아빠를 도와주는 첫째 딸 하연이를 많이 생각했다. 하영 님은 바로 '아빠'였기 때문에 망상과 환청의 혼돈과 괴로움을 견딜 수 있었다.

실천가는 증상을 완화할 약을 꾸준히 복용하는 것이 가장 좋은 방법이라고 여겼지만, 하영 님은 병원 치료를 완강히 거부했다. 걱정이 되기도 했지만, 일단 본인이 원하는 일을 먼저 찾아보기로 했다. 우리는 바리스타나 제빵, 요리 등 무료로 지원받으며 공부하고 자격증도 취득할 수 있는 일들을 놓고 의논했다. 하영 님은 '제빵'을 선택했는데, 그 이유는 아이들에게 맛있는 빵을 직접 만들어 주고 싶어서라고 했다.

하지만 그렇게 제빵학원을 등록하고 돌아온 며칠 뒤, 하영 님이 아동 방임으로 신고되었고 아이들은 그룹홈에 가게 되었다. 하영 님이 아이를 사랑하는 마음은 알고 있었지만, 막을 수 없는 일이었다.

하영 님의 집은 늘 휑했고, 냉장고도 비어 있는 경우가 많았다. 하영 님은 가끔씩 아이들을 두고 집을 비우기도 했다. 망상과 환각 때문에 상황에 맞지 않는 말과 행동을 하는 하영 님의 증상도 가릴 수 없는 문제였다.

아이들과 헤어지게 되자 하영 님은 중심을 잃고 더 방황하게 되었다. 아이들이 그룹홈에 가게 된 날은 신발도 신지 않고 서울로 갔다. 복지기관들이 본인을 도청하고 감시한다고 생각하고 신발도 신지 않고 도망치듯 떠난 것이었다. 실천가는 하영 님이 과거에 거쳐 온 모든 기관을 수소문했다. 관공서에도 문의했지만 주민등록은 이미 말소되었고 연락할 길은 없었다. 이런 상황이 되자 그동안 하영 님을 지원하던 기관은 모두 하영 님의 사례를 종결 처리했다. 그러나 동료들과 나는 하영 님에게 특별한 도움은 드릴 수 없더라도 '끈을 놓지 말자.' '나라도, 우리라도 곁에 있어 드리자.'라고 결심했다.

"선생님, 애들 보고 싶어 죽겠어요. 애들 찾아 주세요."

하영 님이 우리 동네에 다시 나타났다. 여전히 위험한 일을 벌이기도 하고, 불쑥 나타나 힘들게도 했다. 전처럼 전화해서 뜻 모를 이야기를 하며 실천가를 괴롭히기도 했다. 그래도 실천가들은 사라진 하영 님을 걱정하는 것보다 눈앞에서 볼 수 있는 것이 낫다고 생각했다. 참고 또 참으며 전화하고 만남을 지속했다.

그러던 어느 날 하영 님이 "너무 지쳐요. 저 치료받고 싶어요. 입원할래요."라고 말했다. 입원 방법을 알아보니, 주민등록은 말소 상태였고, 정신과 입원비가 상당했다. 실천가는 며칠 동안 정신건강증진센터와 주민센터에 문의하고, 은행과 병원을 함께 찾아다녔다.

그러면서 하영 님에게 지금 왜 이곳에 가서 이런 과정을 거치는지를 최대한 자세하게 설명하였다.

현재 하영 님은 입원과 퇴원을 반복하고 있고, 여전히 끝날 것 같지 않은 횡설수설한 전화 통화도 계속된다. 한동안 연락이 오지 않을 때도 있지만, 우리는 정말 필요한 순간에는 이어진 끈을 붙잡고 다시 전화할 것을 안다. 그리고 실천가가 지치지 않을 만큼 그리고 하영 님이 손을 놓지 않을 만큼 이 끈을 붙잡고 있다 보면 언젠가 다른 방향으로 나아갈 계기가 있을 것이라고 믿는다.

장애인복지관은 장애 당사자의 권리에 기반한 서비스 제공과 지역사회의 통합 환경 조성을 통해, 장애인의 자립과 지역사회 참여를 촉진하는 지역사회 재활시설이다. 1982년 '서울장애인종합복지관'의 설립을 시작으로, 현재(2025년 기준) 전국에는 251개소의 장애인복지관이 운영 중이며, 지난 40여 년간 복지 패러다임과 사회적 요구의 변화에 따라 그 기능과 역할도 크게 확장되어 왔다. 최근에는 '지역사회 기반의 적극적 실천'을 강조하며, 장애인복지관의 주요 기능을 '개인별 지원계획 수립, 중재(치료)와 컨설팅, 낮 활동과 행동 지원, 직업지원, 가족(지원자) 지원, 사례관리 및 권익옹호, 지역사회 중심 지원 서비스'로 개편하였다. 이러한 변화는 복지관이 '도움을 주는 기관'이 아닌, 장애인이 지역사회에서 보통 사람의 삶을 살아갈 수 있도록 권리를 회복하는 과정에 함께하는 실천기관으로 전환됨을 의미한다. 시혜적 지원에서 권리 기반 접근으로, '보호' 중심에서 자기결정권과 삶의 주체성을 존중하는 방식으로 장애인복지관의 정체성과 방향성이 재정립되고 있다.

III

위기 상황에서의 실천

11
절망의 과거에 머물기보다 희망을 그려 보는 미래로

아동학대예방을 위한 실천

사례 제공자 임윤령은 IMF 외환 위기 당시 해체된 가정에서 힘겹게 살아가는 학교 청소년들을 만나면서 사회복지에 관심을 갖게 되었다. 이후 학교사회복지사와 지역사회교육전문가로 사회복지 현장에 첫발을 내딛었으며, 아동보호전문기관에서 근무하며 가족체계에 대한 개입과 강점관점 해결중심 실천의 중요성을 깊이 경험하였다. 일시보호소에서 잠시 근무한 바 있으며, 현재는 경기이천아동보호전문기관 관장으로 재직하며, 아동학대로 인해 어려움을 겪는 아동과 부모가 건강한 가족 구성원으로 회복되기를 바라는 마음으로 일하고 있다.

··· "왜" 대신에 "어떻게"

"처음 아동학대 가정을 만났을 때는 정말 숨이 턱 막히는 기분이었어요. 조사할 내용도 많고, 학대행위자들은 마치 범죄자로 몰린 듯 날카롭게 반응하니까요."

한 실천가는 당시를 떠올리며 말했다. 실제로 아동학대 신고가 접수되면, 실천가는 피해 아동과 학대행위자, 비가해 부모 등 가족 구성원을 만나 사건의 진위와 심각성, 아동의 안전 상태를 신속히 파악해야 한다. 이 첫 만남은 실천가뿐 아니라 가족 모두에게 긴장과 두려움이 교차하는 순간이다.

"처음엔 '왜 그랬나요?'라는 질문만 반복했어요. 정답을 듣고 싶었지만 돌아오는 건 변명이나 분노, 때론 침묵뿐이었죠. 기억에 남는 한 어머니가 있었는데, 저를 뚫어지게 쳐다보며 '왜? 내가 왜 그랬을까요? 그냥 내가 너무 힘들고 지쳤을 뿐이에요.'라고 말했어요. 그 순간 '왜'라는 질문이 오히려 그녀를 더 움츠러들게 한다는 걸 깨달았죠."

'왜'라는 질문은 학대행위자에게 범죄자로 낙인찍힌 느낌을 주어 방어적 태도를 만들고, 피해 아동과 가족에게는 조사를 취조처럼 느끼게 해 마음을 닫게 만들었다. 이로 인해 실천가도 무력감을 느끼며 심리적 소진에 시달리곤 했다.

"어느 날 한 아버지와 면담할 때였어요. '왜 자꾸 아이를 때리나요?'라는 질문에 그는 눈길을 피하며 침묵했죠. 그래서 '아이와 어떻게 하면 더 좋은 관계를 만들 수 있을까요?'라고 물었더니, 잠시 생각한 후 '음……, 아침마다 밥을 챙겨 주려고 노력하고 있어요.'라고 답했어요. 그때 '사람'이란 존재로서 그에게 다가간 느낌이었죠."

이 작은 질문의 변화가 가져온 결과는 놀라웠다. '왜'에서 '어떻게'

로, 문제의 원인에서 해결방법으로 질문의 초점을 바꾸자, 실천가와 이용자 간 신뢰가 조금씩 쌓이기 시작했다. 실천가는 이용자가 이미 자신 안에 해답과 힘을 지니고 있다는 태도를 갖게 되었고, 이용자도 스스로 문제 해결의 주체임을 느꼈다.

···척도를 활용해 상황 이해하기

"상담 중에 척도 질문을 활용했는데요. '지금 집이 얼마나 안전하다고 느껴요?'라는 질문에 아이가 처음엔 1점을 줬어요. 그런데 상담이 이어지면서 점점 5점, 7점까지 올랐죠. 아이가 자신도 모르게 힘을 얻고 있다는 걸 알게 된 순간이었어요."

실천가: 그럼 하늘이가 생각하기에 선생님을 언제까지 만나면 좋을지 숫자로 이야기해 볼까?

아동: 네.

실천가: 0에서 10까지 중, 지금 하늘이가 집에서 생활하기에 얼마나 안전하다고 느껴?

아동: 6이에요.

실천가: 그럼 몇까지 되면 선생님을 그만 만나도 좋겠어?

아동: 8이요.

실천가: 왜 8일까?

아동: 그때는 아빠가 우리랑 잘 놀아 주고 잘 지낼 것 같아서요.

실천가: 8이 되게 하기 위해 하늘이가 할 수 있는 게 뭐가 있을까?

아동: 아빠 말을 잘 듣거나 밤 10시에는 스마트폰을 안 쓰는

거요.

실천가: 그렇게 하면 좀 달라질 것 같아?

아동: 네.

실천가: 좋아, 그렇게 조금씩 해 보자!

긴박한 응급 상황에서는 아동 안전이 최우선이지만, 행위자와 보호자의 사건 인식, 가정 안전에 대한 이해, 자녀에 대한 태도도 함께 살핀다.

실천가: 지난번에 집에서 안전하다고 느끼는 정도를 8이라고 했는데, 요즘은 어때?

아동: 똑같아요.

실천가: 그 정도면 괜찮다고 생각해?

아동: 네.

실천가: 만약 또 안 좋은 일이 생기면 어떻게 할까?

아동: 아보전(아동보호전문기관) 선생님이나 학교 선생님께 도움을 요청할 거예요.

실천가: 멋지다! 앞으로도 힘든 일이 있으면 꼭 말해 줘.

특히 아이를 분리해야 할 때, 아이에게 충분히 상황을 설명해 주는 게 중요했다.

"'여기가 너를 위한 곳이고, 네가 원하면 가족들을 곧 다시 만날 수 있어.'라고 말하면 아이도 조금씩 마음을 열더라고요."

질문과 대화를 바꾸니 기존 양식에 기록하기에는 어려움이 있었다. 그래서 기관의 조사 양식을 바꿔 가족 구성원의 강점과 가정 내 안전 요인을 함께 기록하도록 했다. 덕분에 문제뿐 아니라 긍정적 자원도 균형 있게 살피게 되었다.

… 가족을 해결을 위한 자원으로 바라보기

실천가는 가족을 문제의 원인으로 보지 않고, 자원으로 접근했다. 공적 자원보다 사적 자원이 먼저라는 원칙 아래 '아동과 가족의 강점은 무엇인지' '어떻게 활용할지' '이용자와 어떻게 협력할지'를 고민했다.

실제로 학대행위로 사례관리 대상이 되어 만난 한 아버지는 처음에 거부적이었다.

실천가: 아버님, 저희 기관에서 사례관리를 진행할 예정입니다. 언제 시간이 되시나요?

아버지: 왜 꼭 해야 하나요? 우리는 잘 지내고 있어요.

실천가: 그렇군요. 그럼 다행인데 어쩐 일인지 학대로 판단이 되어서 저희는 아이가 잘 지내는지 확인해야 해서요.

아버지: 학대요? 말 안 듣는 아이를 체벌하는 게 뭐가 문제죠?

실천가: 그렇게 생각하시는군요. 일단 만나서 함께 이야기 나눠 볼 수 있으면 좋겠습니다.

대화를 반복하며 점차 아버지는 마음을 열었고, 실천가는 아버지에게서 아이들과 잘 지내고 싶어 하는 마음을 발견했다. 또 다른 이용자는 이렇게 말했다.

실천가: 요즘은 아이들과 어떻게 지내고 계시나요?

어머니: 아직도 아이들에게 소리 지르는 일이 있지만, 심호흡하며 노력하고 있어요.

실천가: 와~ 그래요. 그렇게 하는 게 정말 쉽지 않으실 텐데, 어떻게 그렇게 하실 수 있었지요? 아이들도 어머니의 그런 노력을 알까요? 아이들한테 물어보면 뭐라고 할까요?

어머니: 좋았다고 해요. 예전에는 제가 소리 지르면 무서워했거든요.

실천가: 그렇군요. 아이들이 정말 좋아하겠네요. 앞으로 아이들과의 관계가 어떻게 되길 바라나요?

어머니: 부끄럽지 않은 엄마가 되고, 아이들이 저를 의지하게 되길 원해요.

아동학대 대응은 결코 쉽지 않은 일이지만, 문제만 보는 시선을 바꾸고 강점에 집중했을 때, 실천가와 이용자 모두에게 희망과 변화가 찾아온다. 강점관점 해결중심 실천의 핵심은 실천가가 이용자에 대해 믿음을 갖는 데 있다. 이용자가 스스로 해답을 가지고 있다고 믿고, 그 안에서 살아가는 방식을 인정하며 함께 걸어가는 것이다. 실천가는 끊임없이 질문하며, 이용자가 답을 찾도록 지지한다. 시행착오를 겪으며 더 나은 방법을 찾아가도록 자리를 지키는 역할을 한다. "누구나 새로운 것보다 이미 했던 것을 반복하는 것이 쉽다."[1]라는 말처럼, 이용자가 이전 성공 경험을 찾아내면 더 실천하기 쉽고,

스스로 더 나은 변화를 만들어 낼 수 있게 된다.

"처음엔 '이 가족들은 문제투성이'라고만 생각했는데, 어느 순간 가족 안에도 분명 강점이 있다는 걸 발견했어요. 작지만 잘 해내는 점을 찾아내어 그것을 중심으로 이야기를 나누기 시작했죠. 우리가 만나는 분들은 문제만 있는 사람이 아니라, 이미 문제를 이겨 낼 힘과 자원을 가진 분들이에요. 그 힘을 찾아내고 함께 키워 가는 게 우리의 일이죠."

아동학대 대응 서비스는 아동학대 사건에 대한 초기 신고 접수와 현장조사뿐 아니라, 피해 아동 보호, 심리치료, 가족 기능 회복 등 사후관리 업무를 포함한다. 또한 아동학대 예방을 위한 교육과 홍보 활동도 수행한다. 「아동복지법」 제22조에서는 국가와 지방자치단체, 아동권리보장원, 아동보호전문기관 등 각 주체의 역할을 규정하고 있다.

우리나라 아동학대 대응은 2000년 「아동복지법」 개정으로 아동보호전문기관 설치 근거가 마련되었고, 2019년 포용 국가 아동정책을 통해 아동학대 조사업무의 국가 책임이 강화되었다. 이에 따라 신고 접수와 조사, 사례 판단 등은 아동학대 전담 공무원이 맡고, 아동보호전문기관은 전문적인 사례관리 업무에 집중하도록 체계가 개편되었다. 업무 흐름은

1 Berg, I. K. (1994). *Family-based services: A solution-focused approach*. WW Norton & Co.

신고 접수부터 조사, 사례 판단, 보호 조치, 서비스 제공, 사례 점검과 종결에 이르기까지 단계별로 진행된다.

12
한 걸음 뒤에서 따라가기

고립·은둔 청년을 위한 실천

사례 제공자 박인미는 현재 송파교육복지센터 지역사회교육 전문가이자 해결중심실천가협회 전문 강사로 활동하고 있다. 그동안 다양한 아동·청소년 복지 현장에서 역경을 딛고 성장하는 사람들의 여정을 함께하며, 그 과정에서 자신이 바라는 미래를 그리는 것 그리고 용기와 희망을 갖는 것의 중요성을 깊이 느껴 왔다. 오늘도 문제와 정보가 얽힌 복잡한 정글 속을 헤쳐 나가며, 진짜 해결에 도움이 되는 단서들을 찾고 있다. 문제에 가려진 강점에 조명을 비추며, 이용자의 한 걸음 뒤에서 조용히 동행하는 실천가로서의 길을 걸어가고 있다.

"절망 한 줄, 희망 한 줄. 삶을 포기하기를 하루 더 미뤄 보기로 했다."

그가 1차 상담을 받고 나서 일기장에 적은 글이다. 그의 일기장에 희망이 한 줄씩 기록되기 시작한 것이다. 이용자는 몇 차례 자살을 시도했고, 최근 2~3년간 자살 생각에 시달려 온 은둔 청년이었다. 그를 처음 만났을 때, 그는 자신의 무기력함을 털어놓으며 이렇게 말했다.

"솔직히, 죽고 싶은 마음이 컸어요. 그런데 또 한편으로는 '정말 내가 죽고 싶은 걸까?' 하는 의문도 들었어요. 부모님이나 주변 사람들한테 피해를 주는 건 싫고……. 그래서 이 상황에서 빨리 벗어나고 싶다는 생각도 하고요."

그는 과거 자살을 시도한 경험을 통해 '죽고 싶은 마음보다 살고 싶은 마음이 더 크다.'라는 것을 알게 되었다고 했다. 실제로 1차 상담 전날에도 극심한 자살 생각에 시달리다 자살을 시도하려 했지만, '나만 편해지면 안 된다.'라는 생각이 들어 겨우 위기를 넘길 수 있었다고 했다.

이 글은 고립 · 은둔 청년을 대상으로 한 심리 · 정서 상담 사업에 참여한 경험을 바탕으로 하였다. 이 사업은 상담을 자발적으로 신청한 청년들을 대상으로 하며, 강점관점 해결중심 실천을 통해 그들의 가능성과 자원을 재조명하였다. 상담은 최대 4회까지 진행 가능하며, 대면 · 전화 · 화상 중 이용자가 원하는 방식을 선택하도록 하여 유연하게 운영되었다.

··· 첫 번째 만남: 이용자가 대처해 올 수 있었던 동력이 무엇인지에 초점 두기

"오늘 무슨 이야기를 하면, 이야기하길 잘했다고 하실까요?"

전화를 통해 첫 상담이 시작되었다. 전화기 너머로 떨리는 목소리가 들려왔다.

"살고는 싶은데, 방법을 모르겠어요. 부모님과는 갈등이 많지만, 그래도 가끔 그분들이 저를 걱정하는 걸 느껴요. 그게 제겐 큰 힘이 되기도 하고요."

"그럼, 죽음에 대한 충동이 올 때 어떻게 이겨 내셨어요?"

"'내가 진짜 원하는 게 이게 맞나?' 하는 생각이 들었어요. '이건 그냥 충동일 뿐이야.' 하면서 조금씩 빠져나왔죠."

그는 부모님의 기대와는 다르게 스스로 삶의 방향을 정하고 싶어 했다. 최근에는 준비하던 계획을 멈추고 자신만의 길을 가기로 결심한 상태였다.

"당신은 참 강인한 분이에요. 삶을 포기하고 싶은 순간에도 스스로 자신을 붙잡고 있으니까요."

"그래서 상담 신청도 했어요. 뭔가 달라지고 싶어서요."

"한 걸음 나아왔으니 다음 걸음을 찾아야 하는 상황이시지요. 한 가지 궁금한데요. 자신이 원하는 게 다 이루어진 게 10이고 전혀 아니다가 1이라고 할 때, 현재는 몇이라고 생각하시나요?"

"음……, 1이에요."

"그럼, 지금 시작점인 1에 서 있으신데, 다음 걸음을 고민하고 찾아야 하는 상황이시네요. 2차 상담까지 2주 동안 1에서 0.5 앞으로 나아간 자신은 무얼 하며 지내고 있을지, 어떻게 지낼지, 생각해 보시고 두 번째 만남 때 이야기해 주면 좋을 것 같습니다. 괜찮으실까요?"

이용자는 흔쾌히 해 보겠다고 하였다.

… 두 번째 만남: 시도한 노력과 변화

이용자는 첫 번째 만남보다 조금 더 편안해진 목소리였다. 무슨 이야기를 하면 도움이 될지 물어보았고, 1회기 마지막에 제안했던 '2주 동안 지내면서 0.5라도 앞으로 나아가는 것'에 관해 이야기 나눴다.

"지난 2주간 여러 가지를 시도해 봤어요. 아침 7~8시에 일어나려고 노력했고, 2~3일에 한 번씩 걷기도 시작했어요. 병원도 옮겼고, 약도 먹고 있긴 해요."

"그중에 무엇이 조금이라도 도움이 되었나요?"

"걷는 게 가장 도움이 된 것 같아요. 약은 잘 모르겠지만, 운동하면서 불안이 조금 줄었어요."

나는 감탄하며 물었다.

"와, 어떻게 그런 생각을 하셨나요? 그리고 실천까지 하신 거예요?"

"그냥 '0.5라도 나아가자'고 마음먹었어요. 작아도 한 걸음 내딛는 게 중요하니까요."

그는 무기력했던 생활에서 조금씩 벗어나 '살아가는 힘'을 스스로 만들어 가고 있었다.

첫 상담 전날까지 죽기를 결심했던 사람이 2주라는 짧은 기간에 시도한 것들이 정말 많았고 이를 통해 일상에 변화가 일어나기 시작했다.

이용자는 몇 년 동안 일기를 쓰고 있는데 우울한 얘기를 계속 쓰다 보니 더 우울해지는 것 같다고 하였다. 과연 지금 하고 있는 것이 도움이 되는지, 그것을 유지하는 것이 도움이 되는지 질문하였다. 고립 생활을 하다 보니 누구에게도 말하지 못하는 대화를 일기를 통해 할 수 있어서 그래도 일기를 쓰는 게 좋은 것 같다고 하였다. 그

시도한 노력	변화
1) 1에서 출발해서 0.5 가는 것을 고민해 봄 2) 아침 일찍 7~8시에 기상함 3) 2~3일에 1회 걷기 운동 시작함 4) 병원을 다른 곳으로 옮김 5) 병원에서 처방한 약을 복용함 6) 하루빨리 은둔생활에서 벗어나 사회인이 되고 싶다는 생각을 함 7) 습관으로 만드는 데 두 달은 필요하다고 하여 천천히 늘려 갈 생각을 함 8) 최근 2일간 아르바이트 했음	1) 미세하게나마 불안이 줄어듦 2) 과호흡이 약간 줄어듦 3) (방에서만 생활하는 대신) 방 밖으로 나감 4) '사람 사는 거 별거 아닌데!' '사는 거 너무 심각하게 생각할 문제가 아닌데!' 하는 생각이 듦

러면서 앞으로 일기에 '내가 이 상황을 이겨 내고 있는 중이구나!' '한 발짝이라도 나아가고 있구나!' '과거로 돌아가지 말고, 앞으로 더 나아갈 수 있다!'라는 걸 적게 되면 좋겠다고 말했다.

이용자는 시간이 걸리겠지만 '다른 생활 만들기'를 해낼 수 있다는 가능성에 대해 '2'라고 답했다. 그 이유는 가족이 있고, 아직은 죽지 않고 살아 있으니까. 숨 쉬고, 느끼고, 도전이라도 할 수 있기에 가능성이 '2'라고 했다. 이용자는 앞으로 갔다가 되돌아오는 것을 반복하면서도 어느새 방향을 잘 잡아 가고 있는 것 같다고 하였다. 앞으로 남과 비교하지 않고 인터넷 커뮤니티를 보는 시간을 줄인다면 가능성은 더 올라갈 것이라고 생각하였다.

2차 상담을 마치면서 이용자가 하고 있는 생각과 시도, 새로운 생활습관 만들기와 관련한 노력, 작은 성과 등을 지지해 주었다. 메시지를 들은 이용자는 자신이 '자신감과 자존감이 없어서' 상담사가 좋은 얘기를 해 줘도 "받아들여지지 않는다." "(자신이 그런 사람인지) 잘 모르겠다."라는 말을 여러 차례 반복했다. 이용자의 준거틀을 수용하며 인정한 뒤 이번에는 실행과제를 제안하였다. '하고 있는 것 중에 도움이 되는 것들은 유지하고, 다르게 해 보면 더 도움이 되겠다고 했던 것들을 해 보고, 무엇이 달라지는지 관찰'해 본 뒤 만나기로 하였다.

··· 세 번째 만남: 시험과 도전

3차 상담은 당일에 취소 연락이 왔다. 시험 준비로 바쁘다고 했다. 3주 뒤 다시 만난 이용자는 자신의 자존감이 낮다는 말을 반복해서 했다.

“자신을 사랑하라고 하는데 그게 잘 안되더라고요. 제가 운동도 2~3일 하려고 했는데 시험 이후에 안 갔거든요. 음……. 앞으로 아르바이트를 하면서 사람들도 만날 거고, 그리고 생활리듬을 올려야겠어요. 잠을 늦게 자지 않고, 운동도 주 2~3번 하다가 늘려 가고…….”

이용자에게 그동안 잘했다고 생각하거나 도움이 되는 시간을 보냈다고 생각하는 게 무엇인지 물어보았다. 질문 뒤에는 ‘아주 작은 거라도……’ ‘완전히 성공까지는 아니어도 시도한 것만도 좋다’는 단서를 붙였다. 큰 성공 그림에만 몰두해 있으면 그 성공을 만드는 불씨가 될 수 있는 작은 성공을 가볍게 여길 수 있기 때문이다.

“이렇게 하길 잘했다, 이렇게 시간 보낸 게 도움이 됐다는 생각이 드는 게 무엇이 있나요?”

“시험공부를 하고, 시험장에 가는 것 자체가 큰 도전이었어요. 예전 같으면 과호흡 때문에 못 갔을 텐데, 버텼어요. 시험장에 가긴 했는데 내가 왜 이 시험을 치러 왔지? 생각이 들더라고요. 일어나서 나오고 싶었는데 심호흡을 하고 숫자를 몇 번 세면서 안정화시키면서 버틸 수 있었어요.”

“정말 대단하세요. 어떻게 그렇게 할 수 있었지요?”

“은둔형 외톨이로 죽기보다 나가서 죽자는 마음으로 마음을 바꿨어요. 너무 부정적인 생각만 하지 않고, 조금이라도 작은 거라도 좋으니 긍정적인 생각을 만들어 나가야 되지 않을까 싶어요.”

봇물 터지듯이 이어지는 이용자의 긍정적인 표현들에 절로 감동이 되었다.

"지금은 불안이 말이죠, 좋아진 불안 같아요. 무서워서 안 한다, 안 움직인다가 아니라 불안하니까 이걸 이용해서. 이게 의지력을 생기게 하는 약 때문일 수 있지만 적당한 긍정, 적당한 불안, 한 층 한 층 쌓아 가다 보면 언젠가는……."

이용자가 잘한 것과 도움이 된 것

- 시험공부를 함
- 시험을 보러 감(한 달 전에는 떨어질까 걱정하다가 과호흡이 와 시험장에 가지 못하였음)
- 병원을 기존 병원으로 다시 옮기고, 새 약으로 바꾸었음. 의지가 생기는 데 도움이 됨. 약이 도움 된다고 처음 느낌
- 사람이 지나가는 거라도 보려고 수도권으로 주소지 옮길 것을 고려하고 있음
- 은둔형 외톨이로 죽기보다 나가서 죽자는 마음으로 바꿈
- 시험장에 간 것, 필기시험에 합격한 것
- (질문하지 않았는데, 이용자 스스로 척도로 표현하며) 옛날보다 긍정적인 생각이 다섯 배 많아졌다고 생각함
- 관련 책을 보며 불안에서 벗어나려고 노력함
- 억지로라도 운동하려고 아르바이트 신청함

3회차 상담이 끝난 뒤 이용자가 계속 시도한 것과 효과가 있었던 것에 대해 칭찬과 지지를 전하는 메시지를 전했다. 그리고 이용자의 표현대로 아직 자존감이 낮은 상태임에도 불구하고 이것들을 해내고 있는 것이 더 어려운 일임을 전하며 이에 대해 재조명하는 메시지를 전달했다.

"'자존감도 회복되고 의지도 높아져서 그렇게 할 수 있었어요.'라고 하는 것과 달리, 아직 그러지 못한 상태라고 하셨지요? 그런데 생각해 보면 아직 자존감도 낮고 의지도 약한 상태임에도 피하던 것들을 해내고, 자신이 원하는 것이 죽는 것이 아니기에 자신에게 다양한 기회의 시간을 주기로 결정하신 거잖아요? 이게 더 어려운 일 아닌가요? 그래서 더 놀랍습니다."

상담을 마무리하며 이용자가 한 번 더 상담을 하기 원하여, 3주의 시간을 보내 보고 4차 상담을 진행하기로 하였다.

··· 네 번째 만남: 신뢰, 살고 싶다는 마음

4차 상담 날, 목소리는 훨씬 밝아져 있었다.

"오늘은 할 말이 없어요. 그냥 좋은 일들이 있어서요."
"목소리가 다른데 무슨 일이 일어난 거지요?"
"그냥 시험도 치고, 책도 읽으면서 시간을 보냈어요. 결과는 알 수 없지만 완벽한 사람은 없듯이 조금씩 하다 보면 어느 정도 성과는 나올 거라고 생각하기로 했어요."

"그걸 생각하게 된 게 어떻게 도움이 되었지요?"

"부족하면 채우면 된다고 인식을 바꾸니 걱정을 덜 하게 되었어요."

이용자는 자신이 언제부터 달라지기 시작했는지 찾아보겠다며 일기장을 가져와서 넘겨 보며 말을 이어 갔다. 1차 상담이 끝나고 1주일까지는 일기를 유서식으로 썼는데 8일 차부터 일기 내용이 '자살을 미뤄 볼까 싶다' '희망 한 줄 절망 한 줄' 적혀 있다며 그전에는 "절망만 적혀 있었다."라고 했다.

이용자의 목소리가 약간 흥분되고 떨리더니 "제가 이렇게 바뀌고 있군요."라고 했다. 이용자는 또 다른 변화들을 떠올렸다. 공황 증상과 과호흡이 전보다 많이 줄어들었고, 실기시험을 보기로 하였으며, 전에는 뭘 해도 안 될 것 같았고 자신이 '인간 말종'이라고 자책을 많이 했는데 그게 '10'이었다면 지금은 자책이 줄어들어서 '5' 정도라고 스스로 척도로 자신의 변화를 표현했다. 그러면서 이용자가 놀라운 이야기를 했다.

"'신뢰'죠. 나에 대한 신뢰. 선생님과 상담하며 나에 대한 신뢰가 생겼어요. 할 수 있구나. 인간이 사회적 동물이라 힘이 생기더라고요. 저 확실히 달라졌죠?"

이용자는 취업 지원을 위하여 찾아갔던 곳에서 우연히 동창생들을 만났다고 했다. 자신을 실패자로 볼 것이라고 생각했던 동창생들과 시간을 가지며 그들이 자신을 궁금해하고 반가워하는 반응에 기분이 괜찮고 편해졌다고 한다. 친구들과 대화를 나누면서 오랫동안 잊고 있었던 '웃음이라는 감정'이 느껴졌다며 '살고 싶다'는 생각이 들었다고 했다. 그전에는 웃을 일도 없었고 죽고 싶은 생각밖에 없었다고 한다. 살고 싶다는 생각이 들었다는 이용자의 이야기에 가슴이 뭉클해졌다. '살고 싶다'는 말에 담긴 의미는 '살아야지'라는 말의 의미와 얼마나 다른가. 이러한 경험이 이용자의 어떤 미래를 만들어 가게 할까?

"(미루거나 회피하는 다른 선택을 할 수도 있었지만) ○○ 제도를 이용하려고 결정한 것도 자신이고, ○○ 제도를 이용하려고 찾아간 것도 자신이잖아요. 친구를 만나고, 대화를 나누고, 웃음의 감정을 느끼는 순간이 일어난 것은 우연한 행운이 아니라 자신이 스스로 만들어 낸 순간들인 거지요!"

쉼 없이 대화를 이어 가던 이용자가 잠시 말을 멈추더니 말했다.

"아, 그러네요. 그냥 우연히 일어난 좋은 일이라고만 생각했어요. 맞아요. 내가 시험 치러 가고, ○○ 제도도 신청해서 가고. 내가 움직여서 생긴 결과네요. 그러네요!"

"어떻게 하면 웃을 일을 조금 더 만들 수 있을까요?"

이용자는 운동하는 습관을 만들고 싶다고 했고, 걷기, 아령 들기 같은 운동을 계속하고 싶다고 했다. 명상을 통해 걱정을 줄이는 것도 하면 도움이 될 것 같다고 했다. 그리고 휴대폰 시간을 줄이고 움직이는 시간을 늘리는 것이 가장 좋았다며 조금 전에도 한 시간을 나갔다 왔다고 했다. 여기저기 다니기만 했는데도 우울한 감정이 많이 들지 않았다며 고민하는 시간을 줄이고 몸을 움직이는 시간을 늘려야겠다고 했다. 웃을 일을 더 만드는 계획들을 이야기하는 이용자의 목소리는 웃고 있었다.

"3주 동안 정말 많은 일이 일어났네요. 듣는 동안 저도 너무 감동되고 기뻤습니다. 1회 상담 때 현재 자신이 1, 시작점에 있다고 하셨던 게 생각이 나네요. 지금은 어떠신가요? 어디쯤 와 있다고 생각하세요?"

"지금은(10주 사이에) 3~4까지 와 있는 것 같아요. 두 달 반 사이에 1에서 3까지 움직였어요."

"와! 그러세요? 처음 1에 있다고 하셨을 때, 3~4까지 올 거라고 예상하셨나요?"

"아니요! 상상도 못 했어요. 지금도 믿기지 않아요. 아직도 이불 속 세상에서 살고 있었다면……. 끔찍해요. 그곳이 안전한 줄 알았는데 아니었어요. 더 불안하고 두려웠어요."

··· 다섯 번째 만남: 새로운 출발

이 상담 사업에서는 참여를 희망하는 이용자를 대상으로 종결 후 한 달 뒤 후속 상담을 진행했다. 후속 상담을 계획했던 이유는 강점관점 해결중심 상담이 고립·은둔 청년 이용자에게 어떤 영향을 주는지와 도움이 됐던 실천방법이 무엇인지 알아보는 것, 그리고 이용자의 강점과 변화에 초점을 두며 한 번 더 재조명해 줌으로써 변화의 지속성을 높이기 위함이었다.

회기별 초점과 이용자의 인식 변화

	초점	이용자의 인식변화
1회	-이용자가 원하는 것 -도움이 되는 내적/외적 강점 -현재 위치	"맞아요. 제가 무기력한 생활에서 나가고 싶어서 도전을 시작한 거예요. 상담신청도 그중에 하나죠."
2회	-시도한 노력 -도움이 된 것 -영향성	"좋은 얘기를 해 주셔도 와 닿지 않아요. (제가 그런 사람인지) 잘 모르겠어요."
3회	-(이용자의 주관적) 성공에 대한 인정 -미래 계획 -자기칭찬	"나는 아직 의지도 약하고 자존감도 낮아요."
4회	-변화 인식 -자기강점 발견 -현재 위치	"'신뢰'죠. 나에 대한 신뢰. 상담하며 나에 대한 신뢰가 생겼어요."
종결 한 달 후	-종결 후 나아진 것 -상담 중 도움이 된 것 -이번 경험의 활용	-자기신뢰 유지 -자신이 원하는 것에 대한 분명한 인식 -변화 유지 노하우 획득

상담 과정에서 자기 강점과 삶에 대한 열망을 인식하게 된 이용자는 상담이 종결된 이후에도 조금씩 자신이 원하는 삶을 향해 나아가고 있었다. 이용자는 자기신뢰와 긍정적인 사고로의 관점 변화, 성

공 경험 축적 등의 과정을 통해 자신을 '할 수 있는 사람'이라고 생각하게 되었다. 이는 공황장애에 대한 이용자의 관리능력에도 영향을 주었다.

"생각이 긍정적으로 변한다는 게 그렇더라고요. 공황장애 증상도 그전에는 아예 통제가 안 된다 싶어서 더 불안했는데……. 이제는 불안을 낮추는 것(내가 찾은 방법)들을 (계속) 하니까 조금 통제가 된다 싶은 거죠. 100% 다 통제되는 건 아니지만, 내가 어떻게 하면 덜 불안할 수 있는지 알게 되니까, 조금 통제가 되는구나. 마음이 훨씬 편하고 자신이 생기더라고요(웃음)."

최근 실태조사 결과, 19~34세 중 고립 · 은둔 징후가 나타난 청년은 최대 약 54만 명 규모까지 추정된다.[1] 특히 청년 고립은 코로나19 팬데믹 이후 더욱 심화되었는데, 2019년 19~34세 고립 청년 비율은 3.1%였으나 2021년에는 5.0%로 증가했다.

고립 · 은둔 청년은 사회적 관계망이 부족하고 제한된 공간에 머물며 외부 활동이나 대인관계를 기피하는 경향이 있다. 이들은 니트족(NEET) 청년이나 구직 단념 청년과는 구별된다. 장기적인 고립은 무기력감과 자존감 저하로 이어질 수 있으며, 이에 따라 첫 번째 지원 목표는 생활 속

1 국무조정실 실태조사(2022년) 및 인구총조사(2021, 통계청) 결과를 추정 적용한 것으로, 관계부처합동(2023. 12. 13.) 제11차 청년정책조정위원회 "고립 · 은둔 청년 지원 방안"에서 발표함.

활력 회복이다. 자기이해를 높이고 심리 · 정서적 에너지를 회복하며, 타인과의 관계 형성을 돕는 과정에서 갈등 조절 능력도 함께 키운다. 이후에는 사회 재적응과 통합을 위한 지원이 이어진다.

13

무너지지 않도록, 함께

범죄피해자와 가족을 위한 실천

사례 제공자 임예윤은 사회복지학과 법학을 전공하였다. 현재는 서울서부범죄피해자지원센터에 근무하며 사법절차에서 소외되는 범죄피해자의 권리 증진과 범죄피해자 보호 지원 제도의 개선을 위해 연구하고 실천한다. 범죄피해자가 회복을 넘어서 외상 후 성장할 수 있기를 간절히 바라는 실천가다.

… 갑작스러운 폭력, 무너지는 일상에서 말 잇기

"모르는 사람한테 폭행당했어요. 너무 무서웠어요……."

폭력 사건 직후 처음 만난 이용자는 얼굴을 굳힌 채 입을 열었다.

"그러셨군요. 많이 놀라고 무서우셨겠어요. 지금 어떤 부분이 달라지면 조금 나아졌다고 느끼실 수 있을까요?"

"병원에서 치료는 받았는데요……. 치료비가 너무 많이 나왔어요. 계속 치료받아야 해서 걱정이에요."

"치료를 계속 받아야 하는군요. 치료비가 해결되면 어떤 게 좀 나아질까요?"

"치료받느라 직장도 못 나가고 있어요. 아이들 학원도 끊었고, 생활비도 막막해요."

"치료비가 해결되면, 아이들 학원도 보내고 생활하는 게 좀 나아질까요?"

"네 맞아요. 아이들이 전처럼 지냈으면 좋겠어요."

"아이들이 잘 지내길 바라시는군요."

"예전만큼은 아니어도, 아이들 밥은 잘 챙기고 싶어요. 학원도 다시 보냈으면 좋겠고요……."

처음에 이용자는 폭행으로 인한 두려움을 호소했고, 치료비에 대한 부담을 이야기하였다. 그러나 대화를 이어 가면서, 치료비 지원이 전부가 아니라 아이들이 전처럼 일상적인 생활을 했으면 좋겠다는 바람을 깨닫게 되었다.

… 바라는 것을 알기까지

"이런 심리상담이 도움이 될까요?"

살인사건으로 자녀를 잃은 어머니는 한참을 울며 말했다.

"왜 나한테 이런 일이 일어난 걸까요……. 잠도 못 자고, 회사에서도 집중이 안 돼요……."

"운전 중에도 사고 날 뻔하셨다고 하셨죠. 잠을 푹 잘 수 있으면 좀 나아질까요?"

"그럴 것 같아요. 마음을 정리할 수 있다면요. 상담을 받아 보는 게 도움이 될지……, 남편도 요즘 너무 날카롭고……."

"마음을 정리할 수 있으면, 잠을 잘 수 있다고 생각하시나 봐요."

"네. 맞아요. 지금은 정말, 잠을 자고 싶어요."

"최근에 그래도 조금이라도 잠을 주무신 적이 있으실까요?"

"음……. 남편이 좀 편하게 느껴질 때, 저번에 남편하고 이야기한 날은 그래도 좀 잤던 것 같아요. 맘이 편해져서 그러나?"

"남편분과 이야기를 하셨어요? 어떤 이야기를 하셨지요?"

"우리 아이 이야기지요. 아무한테도 할 수 없었는데, 그날은 아이 이야기하면서 붙들고 펑펑 울었어요."

"아, 그러셨군요. 그때처럼 남편과 이야기하고 울기도 하고 그러면 지금보다 좀 나아질 것 같으신가요?"

"네. 모르는 사람 앞에서 우는 것보다, 남편 품에서 울고 싶어요……. 대화도 하고, 서로 위로하면서……."

"그런 상황이 된다면, 어머님의 마음은 지금과 어떻게 달라질까요?"

범죄피해자를 지원하면서, 단 한 번의 사건으로 피해자와 가족의 인생 전체가 하루아침에 파괴될 수 있음을 여러 번 경험하였다. 그래서 초기에는 병원 치료나 상담과 같은 자원을 무조건 많이 연계하는 것이 피해자의 회복에 도움이 될 거라고 생각하기도 했다. 그런데 피해자의 진정한 회복은 자원 연결에 있지 않았다. 자신이 바라는 것을 정확히 알고 그것을 향해 조금이라도 나아갈 수 있을 때 변화가 시작되었다.

삶의 힘을 회복한 순간

"다시 일하고 싶어요."

성범죄 피해로 재판 중인 딸을 둔 어머니는 추운 날씨와 얼어붙은 창문, 무거운 집안 분위기를 토로했다.

"이사 온 집도 엉망이고, 딸이랑도 어색하고……, 뭘 좀 해야 이 생각들을 떨칠 텐데요."

"저런, 이사한 지 얼마 안 되었는데 하필 날씨가 갑자기 너무 추워져서 어머님이 신경 쓸 게 더 많아지셨군요."

"집에 와도 딸이랑도 서먹하고, 집도 이 모양이고. 내가 차라리 어디라도 다니면 이 생각을 덜 할 것 같은데……."

"어디라도 다니면, 생각이 덜할 것 같으시군요."

"일해야죠……. 언제까지 놀 수도 없고. 어디 취직할 데가 있을까요?"

"그렇군요. 혹시 생각하신 일이나 준비하고 계신 게 있으실까요?"

"배우고 싶은 게 있어도 돈이 많이 들고……."

"그전에 혹시 일해 보신 적 있으세요?"

"제가 결혼 전에는 카페 일도 잠깐 했었고, 자격증은 없었지만 어릴 때부터 카페 아르바이트를 많이 해서 정말 잘했거든요. 커피 바리스타 자격증을 따면 카페에서도 일할 수 있을 것 같은데……. 레시피도 직접 개발하고, 손님들이 좋아했죠. 자격증은 없지만, 바리스타 자격증만 따면 다시 일할 수 있을 것 같아요."

"우와. 대단한데요! 그 일을 다시 하게 되면 어떤 점이 지금보다 좋아질까요?"

"딸 간식도 해 주고 싶고……, 일하면서 내가 다시 살아 있다는 느낌도 받을 것 같아요."

범죄피해자가 범죄피해자지원센터에 상담을 받으러 오는 것은 무엇이든 조금이라도 나아지기를 원해서다. 그리고 변화를 위해 나아가는 과정에서 피해자의 강점과 문제를 해결해 본 예외 상황을 활용하는 것은 매우 중요하다. 피해자가 가진 자원을 살피고, 강점을 칭찬하면서 피해자 스스로 자신의 강점을 활용하도록 도울 때, 더 빠르게 원하는 모습으로 변화하게 된다.

…함께 걷는 실천

실천 대상이 범죄피해자라는 것은, 예측할 수 없이 갑작스럽게 닥친 범죄로 인해 극심한 위기 상황에 놓인 이들과 마주하고 있다는 것을 의미한다. 범죄피해자는 두려움, 분노, 슬픔과 같은 부정적인 감정에 압도되어 자신의 문제나 욕구를 제대로 인식하지 못하는 경우가 많다. 뿐만 아니라, 신체적 · 정신적 피해를 넘어 실직, 주거 이전, 전학, 장기 치료 등 삶 전반에 걸친 급격한 변화로 이어지기도 한다.

이처럼 범죄피해자의 피해는 단일한 사건에 국한되지 않고 일상

전체에 영향을 미치는 만큼, 실천가는 일시적 개입에 그치지 않고 피해자 삶의 맥락 전체를 고려한 통합적인 실천 계획을 수립해야 한다. 무엇보다 실천가는 피해자의 외상 후 스트레스 반응에만 주목하기보다는, 피해자가 자신에게 진정 필요한 것이 무엇인지 인식하고 표현할 수 있도록 돕는 과정에 집중해야 한다. 피해자 중심의 실천이란, 전문가가 정해 놓은 지원책에 피해자를 맞추는 것이 아니라, 피해자가 주체적으로 자신의 회복 여정을 설계하도록 지원하는 일이다.

범죄로 인해 피해를 입은 사람은 혼란과 공포 속에서 외부인의 접근 자체를 두려워하기도 하지만, 동시에 '전문가의 지시'를 따르지 않으면 회복할 수 없다는 압박감을 느끼기도 한다. 그러나 실천가는 정답을 알려 주는 전문가가 아니라, 이용자와 함께 방향을 찾아가는 동반자여야 한다. 피해자에게 필요한 것을 대신 판단해 주는 것이 아니라, 그들이 진정으로 필요하다고 느끼는 것이 무엇인지 함께 탐색하고 구체화하는 것이야말로 범죄피해자 회복의 출발점이자 핵심이다.

결국, 범죄피해자를 돕는다는 것은 문제를 대신 해결해 주는 것이 아니라, 그들의 목소리를 경청하고, 가능성과 회복력을 발견하며, 그 길을 함께 걸어 주는 일이다. 실천가는 피해자의 삶 속에서 회복의 씨앗을 찾아내고, 그것이 자랄 수 있도록 지지하는 든든한 동반자임을 잊지 말아야 한다.

범죄피해자는 타인의 범죄행위로 피해를 입은 사람과 그 가족까지 포함하는 폭넓은 개념이다. 「범죄피해자 보호법」과 「범죄피해자에 대한 경제적 지원 업무처리 지침」에 따르면, 피해자 본인뿐 아니라 배우자(사실혼 포함), 직계 친족, 형제자매, 4촌 이내 친족도 지원 대상에 포함된다.

범죄피해자는 갑작스러운 사건으로 신체적 · 정신적 · 경제적 피해를 입고, 형사절차에서 진술하거나 일상으로 돌아가는 과정에서 다양한 어려움을 겪는다. 치료가 장기화되거나 사건 외의 문제로 확산되기도 한다.

우리나라의 범죄피해자 지원은 수사기관(경찰 · 검찰)과 민간단체인 범죄피해자 지원센터를 중심으로 운영된다. 수사기관은 피해자의 신변 보호와 권리 보장을, 지원센터는 경제적 지원과 심리상담을 통해 피해자의 회복과 복지 향상에 집중하고 있다. 범죄피해자 지원센터는 법무부 허가를 받은 비영리법인으로, 전국 검찰청(지청 포함) 관할 기준으로 설치되어 있으며 현재 60개 지역센터와 1개 연합회가 운영 중이다(2023년 7월 기준). 주요 지원은 치료비, 장례비, 간병비, 주거이전비, 긴급 생계비 등 경제적 지원이며, 심리치료와 집단 상담, 자조모임 등을 통해 일상 복귀도 지원한다.

14
진심을 다해 이용자의 삶에 관심을 두는 것

중독·자살 예방 실천

사례 제공자인 추서희는 정신건강복지센터와 정신의료기관에서 일하고 보건복지부 '자살예방 모델 개발', 월드비전 '꿈꾸는 아이들 꿈지원 사업'의 성과분석에 연구자로 참여했다. 현재 안양시 중독관리통합지원센터 부센터장으로 일하며, 중독과 자살 문제로 어려움이 있는 이의 회복과 건강한 삶을 지원하고 있다.

··· 사례 1. 상황을 다르게 바라보기

"안녕하세요? 이번에 선생님 상담을 맡게 된 ○○○입니다. 어떤 분이신지 궁금하고, 뵙고 싶은데 혹시 센터에 들러 주실 수 있으실까요?"

광수 씨와의 첫 통화는 그렇게 시작됐다. 그리고 며칠 후, 깡마른 체구에 비틀거리는 걸음으로 센터를 방문한 그를 처음 만났다. 실제

나이는 50대였지만 60대 중반처럼 보였다. 차 한 잔 건네며 인사를 나눈 뒤, 조심스럽게 말을 건넸다.

"어떻게 지내 오셨는지 궁금해요. 선생님 이야기를 좀 들려주실 수 있을까요?"

그는 가만히 고개를 끄덕이며 입을 열었다. 어린 시절, 형과 비교당하며 자랐던 이야기. 공부 대신 농사를 택했지만 결국 도시로 가출해 술에 의존하게 된 삶. 그리고 병원 입 · 퇴원을 반복하던 나날들. 그의 말을 경청하며 물었다.

"그렇게 힘든 시간 속에서도 어떻게 견디셨을까요?"
"그럼에도 불구하고 버티게 한 힘은 무엇이었을까요?"
"처음 단주를 결심하셨을 땐 어떤 마음이셨어요?"
"센터에 처음 오셨을 때, 어떤 용기가 필요했을까요?"

광수 씨는 처음엔 당황했지만, 이내 조심스럽게 입을 열기 시작했다. 그리고 스스로도 잊고 있던 사실들을 하나둘 떠올렸다.

"한 달에 두 번, 석 달에 한 번은 끊었었어요……. 그때는 정말 잘해 보고 싶었거든요."

그는 자신이 수급자이고, 가족도 없다고 했다. 하지만 우리는 그의 '있는 것들'에 주목했다.

"따뜻하게 지낼 수 있는 집이 있으시고, 직접 걸어서 센터에 오실 수 있을 만큼 건강하시네요."

"기억력이 예전만 못하다고 하셨지만, 오늘 아침도 일어나 스스로 정돈하고 센터까지 오셨잖아요."

"집 주변을 매일 청소하신다니, 참 성실하시네요."

그는 점점 달라졌다. "나는 그냥 알코올중독자야……." 하던 사람이 "나, 생각보다 괜찮은 사람인가 봐요."라고 말하게 된 것이다.

광수 씨는 술을 마신 날에도 센터로 왔다. 취해 있는 날은 상담이나 프로그램 참여가 제한되지만, 그는 수십 통의 전화를 하며 센터를 찾았다. 어떤 동료들은 "센터 출입을 며칠 제한해야 한다."라고 했지만, 나는 이렇게 말했다.

"광수 씨는 지금 취했지만 여전히 '센터'라는 곳을 기억하고 있어요. 다시 오겠다는 뜻이고, 아직 포기하지 않았다는 뜻이에요."

음주로 센터에 못 나오는 날엔 두 명이 한 조가 되어 그를 찾아갔다. 관심이 있다는 걸, 믿고 있다는 걸 행동으로 보여 주기 위해서였다.

"어머님이 보시면 뭐라고 하실 것 같으세요?"

"따님이 지금 광수 씨를 본다면 뭐라고 할까요?"

이 질문에 그는 한참을 울었다. 그리고 다시 센터에 나왔다. 그 후, 그는 '2주 넘게 재발하면 입원하기' '술 생각나면 센터로 전화하기' 'AA 모임 참석하기' 같은 대처 계획을 스스로 세우기 시작했다. 그렇게 일상이 조금씩 회복되던 어느 날, 광수 씨는 깊이 침잠한 얼굴로 센터에 들어섰다.

"오늘……, 딸아이 기일이에요……."

여덟 살 딸이 입원했다는 연락을 받고 병원으로 향했지만, 임종조차 지켜보지 못한 채 아이는 떠났다고 했다. 딸은 장애가 있었고, 술을 마시느라 자주 찾아가지 못했던 죄책감에 그는 오랫동안 괴로워했다.

"내가 어떻게 가요, 내가 딸을 죽인 거나 마찬가지예요……."

나는 조심스럽게 제안했다.

"딸을 만나러 절에 가는 건 어떠세요? 혼자라면 힘들 수 있으니 제가 함께 가 드릴게요."

기관 회의를 통해 차량을 지원받고, 딸의 유골함이 모셔진 절로 함께 향했다. 도착한 광수 씨는 유골함 앞에서 마치 아이처럼 울었다.

"미안하다……. 아빠가 너무 미안해……. 정말 미안해……."

돌아오는 길, 그는 조용히 말했다.

"이렇게 같이 가 줘서……, 평생 한이 될 뻔한 걸 내려놓게 됐어요."

이후 광수 씨는 달라졌다. 회복 프로그램과 AA 모임에 빠지지 않고 참석했고, 가족에게도 연락했다. 명절이면 딸을 찾아가 인사했고, 형제들에게 일주일에 한 번 안부 전화를 했다. 단절되었던 부모님을 찾아가 용서를 구했다. 단주 1년을 맞이한 날, 그는 조용히 말했다.

"내가 어떻게 해야 하는지 물어봐 주셔서, 진심으로 관심 가져 주셔서……, 1년을 버틸 수 있었어요. 정말 감사합니다."

현재 광수 씨는 회복 서포터즈로 활동 중이다. 자신의 경험을 나누며, 다른 이들에게 희망의 증거가 되고 있다.

··· 사례 2. 지금 할 수 있는 어떤 것

중훈 씨는 고위직 공무원 출신이었다. 지역에서는 음주와 자살 시도로 유명했고, 복지관과 중독관리통합센터, 행정기관이 모두 관여하고 있었다. 처음 그의 집을 방문했을 때 나는 깊은 고민에 빠졌다.

문 앞부터 악취가 났고, 방 안은 쓰레기로 가득했다. 그는 씻지 않아 머리는 떡 지고 얼굴은 새카맸다. 하지만 나는 신발을 벗고 그의 공간으로 들어갔다. 우리가 마주한 첫 순간, 나는 지저분한 집에 관해 묻지 않았다. 대신 이렇게 말했다.

"오늘 어떤 이야기를 나누면 도움이 되실까요?"

그는 조금씩 입을 열기 시작했다. 사고로 잃은 아내, 단절된 자식들 그리고 반복되는 자살 시도. 이런 모든 게 '자기 처벌'처럼 느껴졌다. 나는 중훈 씨에게 이런 질문을 했다.

"지금 마음이 편안한 정도를 숫자로 표현한다면 어디쯤 될까요?"
"더 나아지기 위해 필요한 게 있다면 뭘까요?"
"무엇이 달라지면 조금 더 살 만하다고 느끼실까요?"
"그 상태가 되면, 무엇을 보고 알 수 있을까요?"

척도 질문을 통해 중훈 씨는 처음으로 자신의 감정을 '구체화'할 수 있었다. 그는 점점 달라졌다. 집 안을 정리하고, 직접 커피를 타며 사례관리자인 나를 기다리기도 했다. 동네를 산책하며 계절의 변화를 느꼈고, 독실한 신앙을 되살려 자신을 위해 기도하기도 했다. 나는 그에게 자주 이렇게 물었다.

"지금 이 상황을 아내분께 설명드린다면, 어떤 말을 해 주실까요?"
"다시 죽고 싶은 생각이 들면, 무엇을 하면 좋을까요?"
"술을 마시고 싶을 땐 어떤 다른 방법이 있을까요?"

그리고 함께 계획을 세웠다. 명절이면 외로움이 심해 자살 시도가 많았기에, 지역 경찰과 협력하여 지구대에서 인사도 나누기로 했다. 긴급지원번호를 알려 주고 자살 충동이 들 땐 전화해 이야기할 수 있도록 연습했다. 중훈 씨는 아직 술을 마신다. 하지만 자살 시도는 확연히 줄었고, 한 달에 한두 번 센터에 나와 프로그램에 참여한다. 말쑥한 옷차림으로 나타나는 그의 모습은 그 자체로 변화의 증거다.

중독의 문제를 누가 가장 심각하게 고민하는가? 그 문제를 누가 가장 해결하고 싶어 하는가? 재발과 중독 문제를 대하는 핵심은 이용자가 자신의 인생을 가장 깊이 고민하고 가장 진지하게 해결하고 싶어 한다는 것을 상기하는 것이다.

이용자들은 중독에 대해 스스로 포기한 상태에서 더 나아질 게 없다는 생각 때문에 재발을 반복했다. 그러나 관점을 전환하면, 재발이 반복되는 상황을 단주의 실패가 아닌 단주의 성공 경험으로 볼 수 있다. 만약 이용자가 지속해서 술을 마셨다면 재발은 있을 수가 없다. 이용자가 단주에 잠시라도 성공했기에 재발도 있는 것이다. 나는 음주 문제에 집중하는 것이 아니라 강점과 예외, 성공 경험에 집중하였다. 이용자들은 도움받을 곳에 연락할 정도로 용기가 있었고 실제 도움을 요청하기도 하였다. 이용자가 이미 가지고 있는 강점에 집중하면서 자신의 문제를 해결하고자 하는 이용자의 동기가 강화되었다.

중독관리통합지원센터는 지역사회 기반의 중독 문제 대응체계를 구축하여, 중독자와 그 가족을 위한 지원뿐만 아니라 지역주민을 대상으로 한 예방 서비스를 제공하는 기관이다. 센터는 중독자 조기 발견과 단기 개입, 중독 질환 관리, 가족 지원, 음주 폐해 예방 교육, 지역사회 안전망 조성, 지역사회 진단과 기획 등의 다양한 사업을 운영한다. 특히 지역 내 중독 재활 서비스와의 연계 및 지원을 통해, 중독자와 그 가족이 지역사회에서 안정적으로 회복할 수 있도록 돕는 데 중점을 둔다.

2023년 현재 전국에 총 50개소가 운영 중이며, 약 9천 명이 서비스를 이용한다. 센터에는 총 236명의 종사자가 근무하고 있어, 센터당 평균 4.4명의 인력이 배치되어 있는 실정이다. 등록 대상자의 약 95% 이상이 알코올 중독과 관련된 문제로 서비스를 이용한다.

알코올 중독은 조현병과 같은 중증 정신질환과 달리 효과적인 치료 약물이 없어, 지속적이고 체계적인 사례관리가 핵심이다. 실제로 자살 · 자해는 음주와 관련이 있으며 자살 사망 사고는 음주 문제, 우울증 방치, 경제적 어려움이라는 복합적 요인이 동반되는 경우가 많다. 중독은 특히 사회 · 경제적으로 취약한 사람들에게 더 큰 피해를 야기한다. 알코올 소비량이 증가하면 자살 가능성도 동반 상승한다. 중독은 경제적 · 사회적 · 가정적 문제를 야기할 뿐만 아니라, 이 같은 문제들이 다시 중독의 원인이 되기도 하는 악순환의 구조를 형성한다. 따라서 중독 문제는 개인의 문제가 아닌 지역사회 전체가 함께 대응해야 할 복합적 과제다.

보호서비스 분야에서의 실천

15
가족의 재회와 재결합 거들기

아동생활시설에서의 실천

사례 제공자 조소연은 '얼떨결에' 연구를 진행하며 자원봉사하던 그룹홈의 시설장으로 일하게 되었다. 당시 15년 넘게 아이를 키워 온 그룹홈에서 원가정으로 복귀한 사례가 하나도 없다는 사실에 깜짝 놀랐고, 아이들이 원가정과 어떻게 관계를 회복하고 유지할 수 있을지에 관심을 두게 되었다. 2013년부터 '원가정 관계회복과 복귀 지원 사업'을 개발하여 진행하였으며, 지금은 연구와 교육을 통해 '아이들을 위한 집, 함께 사는 집' 만들기를 고민하고 있다.

… 눈물의 이별, 그 후

"선생님, 우리 애……, 진짜 착해요. 잘 먹고, 잘 자고, 말도 잘 듣고……, 나중에 꼭…… 데리러 올게요."

은하 엄마는 눈물을 훔치며 아이에게 손을 흔들었다. 아이는 입술을 깨물며, 멀어지는 엄마의 모습을 조용히 지켜보고 있었다.

"엄마 금방 오지요? 그렇죠?"

아이의 말에 쉽게 대답할 수 없었다. 마음 한구석이 아리다. 부모에게는 늘 사정이 있었다. 실직, 질병, 이혼 혹은 통제되지 않는 분노와 폭력……, 그렇게 아이는 그룹홈에 오게 되고, 부모는 언제나 "잠깐만 맡기겠다."라고 말한다. 하지만 그 '잠깐'은 생각보다 길어진다.

"엄마가 나 데리러 온다고 했어요. 다음 주쯤엔 올지도 몰라요."

민호는 늘 엄마를 기다리며 짐 가방조차 풀지 않았다. 나는 그 눈빛에 담긴 '기다림과 불안'을 너무도 잘 알고 있었다.

··· 어색한 만남, 더 깊어진 마음의 골

방학이 다가오면 아이들은 집에 가는 걸 기대하면서도 동시에 긴장했다. 집으로 가는 차 안에서 승규는 조용히 말했다.

"엄마가 뭘 해 줄지 모르겠어요. 아마 또 TV만 보다 끝날 것 같아요."

정말로, 승규는 일주일 뒤 돌아오며 말했다.

"똑같았어요. 아침에 일어나면 엄마는 일 나가고, 저는 집에서 혼자 폰만 보다가 잤어요."

아이들의 이야기를 들으며 마음이 무거워졌다. 어떤 아이들은 집에 가는 것을 두려워했고, 다녀온 뒤에는 더 깊은 외로움과 실망감을 느끼기도 했다.

"엄마가 나한테 관심이 없어요. 내가 뭘 좋아하는지도 몰라요."

실제로 일부 부모들은 자녀를 만났을 때 어떤 말을 해야 할지 몰라 어색해했고, 금세 피로를 느끼는 경우도 있었다.

"그냥……, 무슨 말을 해야 할지 모르겠어요. 예전처럼 못 하겠어요."
"애가 선생님을 더 따르잖아요. 저는 그냥 가만히 있는 게 나을 것 같기도 하고……."

부모들은 죄책감을 느끼면서도 아이들과 점점 거리를 두고 있었다. 나는 그 마음과 행동을 완전히 이해할 수 없었다.

'왜 이렇게 연락을 안 하지? 아이들이 얼마나 기다리고 있는데…….'

⋯ 관점을 전환하고 질문을 바꾸다

하루는 은하가 물었다.

"선생님, 엄마가 왜 저 보러 안 와요? 제가 싫어진 걸까요?"

그 말을 듣는 순간, 나는 이 상황이 더는 반복되어서는 안 되겠다고 느꼈다. 노트에 몇 가지 질문과 문장을 꾹꾹 눌러 적었다.

도움이 안 되었던 질문과 생각들

- 왜 아이를 보러 안 오는 걸까?
- 왜 저런 행동을 하실까?
- 아이에 대한 애정이 없는 것 같다.
- 부모님들은 아이를 어떻게 대해야 할지, 키워야 할지를 잘 모른다.

내가 더 알고, 관심 가져야 할 것

- 부모님이 못 오는 데에는 어떤 이유가 있을까?
- 부모님도 아이를 만나고 싶어 하신다.
- 부모님들은 아이와 잘 지내려고 나름대로 노력하고 계신다.
- 부모님이 지금까지 해 온 것은 무엇일까? 잘해 온 것이 있다.

질문을 바꾸고, 나는 부모님들께 전화를 걸기 시작했다.

"최근에 아이와 연락해 본 적 있으세요?"

은하 어머니는 처음엔 말을 아꼈지만, 이내 울먹이며 말했다.

"제가…… 애 보러 가서 뭐라도 해 줘야 할 텐데, 돈도 없고……, 그냥 얼굴만 비치고 오는 것도 민망하고요……."

그 통화를 통해 나는 알게 되었다. 부모님들이 아이와 자주 만나지 못한 데에는 그들 나름의 이유가 있었고, 아이와 어떻게 관계를 회복해야 할지 몰라 어려워하는 경우도 많았다. 부모의 '부재'는 무관심이 아니라, '미안함'과 '두려움'의 표현일 수 있다는 생각도 들었다.

자연스럽게 부모님이 잘해 왔던 점을 더 찾아보고 함께 나누어야겠다는 생각이 들었다.

"아이와 있었던 좋은 기억이 뭐가 있었나요?"

"지금 생각나는, 내가 아이를 위해 잘했던 일은 뭐예요? 아이한테 물어보면 우리 엄마는 어떤 게 좋다고 할까요?"

"아……, 예전에 저녁에 같이 김치볶음밥 만들어 먹은 적 있었어요. 그땐 애가 엄청 웃었죠."

"그래도 아이가 학교 가서 꿀리지 않게 옷이라도 깔끔하게 입히려고 노력했어요. 아침에 아무리 급해도 머리 빗겨 묶어 주고……."

"날이 좋으면, 아이스크림 하나 먹으면서 산책을 했어요. 그냥 이런저런 이야기하면서. 그런 날이 또 올지 모르겠네요."

이렇게 질문을 바꾸니 부모님의 반응도 달라졌다. 아이와 좋았던 순간을 떠올리며 부모님의 얼굴엔 환한 미소가 피어났다.

"정말 소중한 기억이네요. 그때처럼 다시 시도해 보면 어떨까요?"

··· 가족의 변화에 발맞추기

나는 다시 기본으로 돌아가 보기로 했다. 부모님과의 대화 방식뿐만 아니라, 기관에서의 실천 방식도 다시 점검해 보기로 했다. 그룹홈 선생님들과도 허심탄회하게 이야기를 나누었다. 우리 모두는 지금까지 해 왔던 실천 중 아이와 부모의 관계에 도움이 되었던 것들을 찾아보았다.

'우리가 지금까지 무엇을 잘해 왔을까? 아이들에게 그리고 부모님

우리가 이미 해 왔던 일 중에 도움이 되었던 것들

- 입소 초기 부모 상담에서 잔소리 대신 부모님의 이야기를 들어 준 것
- 부모님과 사소한 문자나 편지를 주고받은 것
- 방학이나 명절에 아이가 원가정을 짧게라도 방문하게 한 것
- 아이의 생일이나 특별한 날 부모가 시설에 와서 아동과 함께 시간을 보낸 것
- 아이에게 중요한 일이 있을 때 실천가가 부모님과 상의하고, 학교나 병원에 동행한 것

에게 물어보면 뭐라고 하실까?'

'아이와 부모님의 관계를 유지하거나 회복하는 데 도움이 되었던 것들은 무엇일까?'

우리는 '기존의 좋은 실천'에 조금만 더 살을 붙여 보기로 했다. 잘해 왔던 것은 계속 이어 가고, 도움이 되지 않았던 방식은 과감히 줄여 보기로 했다. 그리고 변화는 여기서 시작되었다.

상담에서 선생님이 설명하거나 조언하기보다는 부모님의 이야기를 듣는 데 더 집중했다. 부모님의 '잘못'보다 '잘한 점'을 찾는 태도를 실천하려 노력했다. 이 과정이 쉬운 일은 아니었기에, 슈퍼바이저를 초청해 교육과 슈퍼비전을 받았고, 관련 책을 함께 읽으며 마음가짐을 다졌다.

부모님과 대화를 길게 이어 가기 어려울 땐 문자나 이메일을 활용했고, 답이 없더라도 실망하지 않고 아이에 관한 짧은 메시지를 꾸준히 보냈다. 어머니가 시설에 오기 어려운 경우, 실천가가 부모의 집을 직접 방문하기도 했다.

"어머니, 요즘 어떻게 지내시는지 궁금해서요. 저희가 늘 오시라고만 했지 직접 찾아뵌 적은 없잖아요. 아이에 관해 함께 이야기 나누면 좋을 것 같아서요."

부모님들은 처음엔 어색해했지만, 곧 방문을 허락했다. 선생님들은 마치 이웃의 집들이에 초대받은 것처럼 두루마리 휴지와 과일을 들고 찾아갔다. 가정방문을 통해 부모님의 삶을 더 깊이 이해할 수 있었고, 아이들이 시설에 오기 전 어떤 생활을 했는지도 조금씩 알게 되었다.

또한 부모님들이 아이와 시간을 보내고 싶어도 경제적 부담 때문에 마음껏 할 수 없었다는 사실도 알게 되었다. 우리는 외부 지원금을 마련해 가족이 만날 때 교통비와 식사비를 지원했다. 만나기 전, 아이와 함께할 계획도 함께 세웠다.

"선생님, 이번에 딸이랑 시내 나가서 햄버거 먹고 영화 봤어요. 별거 아닌데도 너무 좋았어요."

"교통비를 주시니 마음 편하게 올 수 있었어요."

분위기가 무르익자 가족 여행도 지원하고, 그룹홈 캠프에 부모님을 초대하기도 했다.

"우리 엄마랑 같은 텐트에서 자 봤어요. 처음이에요!"

아이의 얼굴에는 밝은 웃음이 번졌다.

부모와 실천가, 부모와 자녀의 만남을 넘어, 부모들끼리도 모일 수 있는 자리를 마련했다. 서로의 상황을 공감하고 "나도 그랬어요."라고 말해 줄 수 있는 존재가 있다는 것만으로 큰 위로가 되었다. 부모가 없거나 자주 만날 수 없는 아이들에겐 멘토 가족을 연결해 소외되지 않도록 했다.

"선생님, 주말에 멘토 선생님 댁에서 영화 보고 고기도 구워 먹었어요. 애들이랑 밤새 수다 떨다 거실에서 잤는데, 진짜 재미있었어요."

··· 다시, 가족

3년 동안 한 번도 연락이 없었던 은하의 어머니. 실천가가 편지를 전달하고 전화를 연결해 주는 방식으로 천천히 만남이 이루어졌다. 몇 차례 만남을 가진 뒤, 은하는 조심스럽게 말했다.

"선생님, 저…… 집에 돌아가고 싶어요."
"지금이 아니면, 엄마와 더 어색해질 것 같아요."

그리고 반년 뒤, 은하는 집으로 돌아갔다. 그룹홈 15년 역사상 처음 있는 일이었다.

예린이 어머니는 아이와 매일 통화하고 자주 만나러 왔다. 서먹했던 관계는 회복되었고, 이제는 오랜 시간을 함께 보내도 불편하지 않다. 예린이 어머니는 아이와 더 가까이 지내기 위해 직장을 옮기고 그룹홈 근처로 이사했다. 승규 아버지는 자주 오지는 못했지만, 아이들을 위해 간식을 보내 주고, 승규가 병원에 입원했을 때는 밤늦게까지 곁을 지켰다. 춘영이도 엄마와 다시 연락을 시작하며 함께 살기 위한 계획을 세우고 있다.

'부모는 자녀가 잘 자라기를 바란다.'
'아이는 부모를 그리워하고 가족이 함께하기를 기대한다.'
'아이들은 지금껏 사랑받아 왔고, 부모는 많은 것을 해 왔으며 앞으로도 그렇게 할 사람이다.'

다만, 그 마음을 표현할 용기가 부족했고 방법을 몰랐을 뿐이다. 이 마음을 확인하자 관계가 달라졌다. 나는 부모님의 노력과 성공 경험을 찾아내고, 그것을 격려하고 지지했다.

"대단하세요. 어떻게 그렇게 하실 수 있었지요?"
"그것만으로도 아이에게는 큰 힘이에요."

이제 우리는 '부모를 대신하는 보호자'가 아니라, '아이를 함께 키우는 조력자'로 그들의 곁에 함께 하게 되었다.

아동공동생활가정은 아동양육시설, 가정위탁제도와 함께 보호가 필요한 아동을 위한 대표적인 대리양육 보호체계 중 하나다. 일반적으로 '그룹홈'이라 불리는 이 시설은 지역사회 내 일반 주택을 활용해 소규모로 운영하며, 한 곳당 최대 일곱 명의 아동이 생활할 수 있고, 실무자 3인 이상이 교대로 아동을 돌본다.

2023년 기준, 전국에는 약 505개의 아동공동생활가정이 운영 중이며, 약 2,300명의 아동이 그룹홈에서 보호받고 있다. 이는 전체 아동복지시설 보호 아동 중 약 10%에 해당한다. 그룹홈은 아동양육시설(2023년 기준 약 250개소, 보호 아동 약 9,800명)보다 작은 수이지만, 가정과 유사한 환경에서 소규모로 생활할 수 있다는 점에서 심리적 안정과 개별적 접근이 가능하다는 장점이 있다.

그룹홈의 가장 중요한 역할은 원가정에서 양육이 어려운 아동을 일시적으로 안전하게 보호하는 것이다. 보호의 사유는 부모의 사망, 실종, 학대, 방임, 경제적 빈곤, 이혼 등으로 인한 원가정 기능의 상실이 대표적이며, 아동은 위기 상황에서 그룹홈으로 입소하게 된다.

또한 그룹홈은 아동이 원가정으로 복귀하거나, 독립적 삶을 준비할 수 있도록 돕는 전환적 기능도 중요하게 수행한다. 즉, 단순한 보호를 넘어 회복과 자립을 위한 맞춤형 지원이 이루어지며, 이를 위해 상담, 학업, 직업훈련, 생활기술 습득 등 다양한 프로그램이 병행된다.

16
변화를 놓치지 않기

청소년쉼터에서의 실천

사례 제공자 김은녕은 사회복지를 전공하고 1999년부터 탈가정 청소년을 돕는 여자청소년쉼터를 지키고 있으며 지금은 성남시단기청소년쉼터의 소장으로 일하고 있다. 대학원 과정에서 강점관점 실천 수업을 들으며 치료적 관점에서 강점관점의 패러다임으로 전환되는 경험을 했고, 이런 관점으로 아이들을 만나려고 노력한다. 아동과 청소년의 건강한 자립과 아이를 키우는 청소년이 건강하게 자기 삶을 살아가게 하는 데 관심이 있다.

…'감정 폭풍' 속에서 만난 현주

현주는 청소년쉼터에 입소한 17세 청소년이다. 겉보기엔 조용하고 온순한 편이지만, 감정이 폭발하면 자기 자신을 해치거나 타인을 위협하는 행동으로 이어지는 경우가 있었다.

"그냥…… 내가 무시당한 것 같으면 머리가 하얗게 돼요. 그땐 아무 생각도 안 나요."

현주는 타 기관에서도 실무자와의 갈등 끝에 자해를 했고, 학교에서는 친구들과 마찰이 생기면 손이 먼저 나갔다. 쉼터 입소 후에도 비슷한 상황은 반복되었다.

하루는 이런 일이 있었다. 현주가 다른 친구의 충전기를 쉼터 공용 물품으로 착각해 사용했다. 충전기 주인은 화가 나서 사무실로 달려왔다.

"쟤 일부러 그런 거예요! 맨날 남의 물건을 맘대로 써요!"

나는 조심스럽게 현주를 불렀다.

"현주야, 충전기 주인이 네가 사과해 줬으면 좋겠다고 해. 네가 일부러 그런 건 아니라는 건 알지만, 그래도 어떻게 생각해?"

잠시 망설이던 현주는 고개를 끄덕였다.

"……제가 잘못했어요. 죄송해요."

그리고 자리를 떠나려는 현주를 다시 불렀다.

"그 친구도 말을 좀 거칠게 해서 네가 기분 상했을 수도 있을 것 같아. 괜찮았어?"

"기분 나쁘긴 했지만……, 제가 먼저 실수했잖아요. 화낼 만한 상황이었어요."

"현주가 실수에 대해 바로 사과하겠다고 해서 선생님은 많이 놀랐어. 나름대로 화가 났을 수 있는데 어떻게 그렇게 할 수 있었니?"

그날 이후 나는 현주가 감정을 다루는 방식이 언제나 폭력적인 것만은 아니라는 사실을 놓치지 않아야겠다고 생각했다.

… 자세히 보니 더 보인다

나는 현주가 분노를 표현하지 않을 때 어떻게 행동하는지를 더 찾기로 했다. 현주는 감정이 안정된 상태에서는 놀라울 만큼 배려 깊고 따뜻한 모습을 보였다. 다른 친구가 반찬을 좋아한다고 하면 조용히 자신의 것을 건네주었고, 하굣길에는 쉼터 우편물을 챙기며 "선생님, 택배 왔어요~." 하며 웃었다. 어떤 날은 새로 들어온 친구에게 다가가 말했다.

"안녕! 나는 현주야. 여기 처음이지? 힘들면 나한테 말해!"

어느 날, 입소생 중 한 명과 말다툼을 한 뒤 현주가 먼저 다가가 말했다.

"내가 좀 세게 말했어. 기분 나빴다면 미안해."

상대 친구가 망설이다가 말했다.

"사실…… 나 너랑 싸우기 싫었어."

현주는 놀란 듯한 표정으로 친구를 안아 주었다.

나는 이 작고 진심 어린 장면들을 놓치지 않고 바로 현주를 칭찬했다.

"현주야, 네가 먼저 사과한 거, 정말 대단했어. 그게 얼마나 어려운 일인지 알아. 와, 그거 쉬운 거 아닌데 어떻게 참았어?"

"조금 화날 뻔했어요. 근데 참았어요."

"일단 나가서 물 마셨어요. 선생님이 예전에 그게 도움이 된다고 했던 게 기억나서."

어떤 날은 현주가 학교 가서 싸울 거라고 말하기도 했다.

"싸우면 어떤 일이 생길까?"

"혼나고, 저도 더 화날 것 같아요."

"그럼 안 싸우면 어떤 일이 생길까?"

"…… 아무 일도 안 생기겠죠. 그게 제일 나은 것 같기도 해요."

나는 현주의 말에 비난이나 잔소리를 덧붙이지 않고, 그 상황에서 '현주가 선택할 수 있는 다른 길'을 함께 찾는 데 집중했다.

… 원하는 것을 찾고 함께 길을 묻다

현주는 어느 날 둘이 이야기를 나누던 중에 갑자기 물었다.

"저 여기서 오래 살 수 있어요?"
"현주가 그걸 묻는 이유가 뭘까?"
"나 쫓겨나기 싫어요. 아무리 생각해도 여기가…… 제일 안전해요."
"현주는 안전해지기를 바라는구나. 여기에 있을 때 안전하다고 느껴졌어?"

나는 현주가 가장 원하는 것은 '쫓겨나지 않고 쉼터에 안전하게 머무는 것'임을 알게 되었다.

"그럼 현주가 여기서 오래 지내려면 무엇을 다르게 해야 할까?"

현주는 곰곰이 생각하다가 말했다.

"화를 안 내야겠죠. ……그리고 싸움도 안 나게 조심해야 할 것 같아요."

현주의 변화는 결코 갑작스러운 것이 아니었다. 다른 친구들이 알 정도로 크게 드러나지는 않았지만, 자세히 보면 아주 작은 변화와 노력 들을 찾을 수 있었다. 그래서 나는 늘 이런 질문을 염두에 두었다.

‘현주가 쉼터에서 오랫동안 안전하게 지내기 위해 참고 견디고, 노력해 온 것이 무엇일까?’

‘오늘, 현주가 잘한 것, 노력한 것은 어떤 것들이 있을까?’

‘이전의 모습과 조금이라도 달라진 것은 무엇일까?’

그리고 작고 긍정적인 변화를 발견할 때마다 바로 이야기해 주었다.

“네가 지금처럼 감정을 알아차리고 멈춘 거, 그거 진짜 힘든 일이야.”

“네가 먼저 사과한 거, 그 용기 덕분에 둘 다 편해졌잖아.”

“네가 여기서 오래 지내고 싶다는 마음을 행동으로 보여 주고 있는 것 같아.”

현주는 친구들과 툭탁거리기도 하고 나를 찾아와 화를 내며 하소연할 때도 있다. 그렇지만 이제 자기를 해치거나 남을 공격하지는 않는다. 자신이 잘못한 것을 바로 알아차리고 뉘우치기도 하고, 바로 사과하는 일이 더 많아졌다. 그런 가운데 원하던 대로 쉼터에서 ‘안전하게’ 지내고 있다.

청소년쉼터는 가정에서 생활하기 어려운 탈가정 청소년이 다시 가정, 학교, 사회로 복귀할 수 있도록 일정 기간 보호, 상담, 주거, 학업, 자립 등을 지원하는 청소년복지시설이다.

쉼터는 만 9세부터 24세까지의 청소년을 대상으로 하며, 「청소년복지 지원법」 제31조 제1호에 근거해 운영된다. 쉼터에서는 탈가정 청소년의 일시 보호 및 숙식 제공과 상담, 선도 및 수련활동 지원, 학업 및 직업훈련, 자립 준비, 개별 사례관리 및 거리상담 활동 등을 한다. 현재 쉼터는 운영 목적과 보호 기간에 따라 일시쉼터, 단기쉼터, 중장기쉼터로 구분되어 있으며, 퇴소 후 자립을 위한 '자립지원관' 서비스도 함께 제공되고 있다.[1]

1 여성가족부(2023). 청소년사업안내.

17

청소년의 힘, 주체가 되는 자립

청년 자립을 위한 실천

사례 제공자 황혜신은 학교사회복지사로 사회복지 현장에 첫발을 내디뎠고 한국학교사회복지사협회 사무국장으로 일하기도 했다. 박사논문을 쓰며 만난 거리 청소년들과 계속 함께하기 위해 지금은 관악청소년자립지원관 관장으로 일하고 있다. 청소년이 보호를 넘어 독립적이고 주체적으로 살 수 있는 환경을 만들기 위해 노력한다.

… 말 걸기의 시작, 마음의 문이 열린 순간

자립 지원 현장에서 만나는 청소년은 대개 가정폭력이나 아동학대 등으로 원가정에서 더는 살 수 없어 탈가정하게 된 경우가 많다. 그러나 실천 현장에서는 이들의 탈가정 배경이나 그 이후의 생존 노력보다, '언제' '왜' '어떻게' 집을 나왔는지를 궁금해한다. 초기상담 서식의 첫 문항도 가족관계와 가출한 이유를 묻는다. 이 질문 앞에서 청소년들은 입을 다물거나, '이걸 꼭 말해야 하나요?'라고 되묻는다.

실천가 역시 그 답을 '꼭' 알아야 자립을 지원할 수 있는 건 아니라는 걸 알고 있다. 그럼에도 문서를 채우기 위해, 익숙한 방식으로 질문을 이어 가다가, 문득 '나는 지금 과거를 캐묻는 사람인가?' 하는 자각에 멈칫하게 된다. 실천에 도움이 되기 위한 서식이 오히려 실천가의 사고를 멈추게 만드는 아이러니 속에서, 청소년은 말하기 어려운 과거를 꺼내야 하는 이용자가 되고, 실천가는 말문을 열게 하려 애쓰는 사람으로만 남는다.

그러나 실천가는 과거의 사람이 아니라, 지금 이 순간을 살아 내는 청소년을 만나는 것이다. 그들이 '어떻게 살아왔는가?'보다 '지금 어떻게 살고 있는가?' '앞으로 어떻게 살고 싶은가?'를 묻는 것이 더 중요하다. 그렇게 관점을 바꾸는 것은 작은 용기가 필요했지만, 그 순간 실천은 전혀 다른 방향으로 열렸다.

"나는 연진 님이 지금 어떤 생각을 하는지 솔직히 잘 모르겠어요. 근데 그냥 같이 있는 시간이 나에겐 소중해요. 언제든 말하고 싶을 때 말해도 돼요."

한 청소년은 쉼터에서 자립지원관으로 옮긴 지 2주가 지나도록 입을 열지 않았다. 상담 시간에도 고개를 끄덕이거나 짧게 "괜찮아요."만 반복했다. 실천가는 서식 채우기를 멈출 수밖에 없었다.

며칠 후, 늦은 오후였다. 휴게실로 그 청소년이 조용히 다가와 앉았다.

"그냥…… 여기 있으면 좀 마음이 괜찮아져요."

"괜찮아지는 게 얼마나 힘든 일인지 알아요. 그게 지금 열심히 해

내고 있는 거라는 거 알고 있어요."

그날 이후, 그는 점점 자신에 관해 조금씩 이야기하기 시작했다. 이때 질문과 답이 아니라 첫 신뢰가 중요했다.

첫 만남에서는 '이 친구가 내게 자신의 이야기를 해 줄 수 있으려면 어떻게 해야 할까?'를 고민하며 다양한 시도를 한다. 예컨대, 실천가가 먼저 청소년에게 마음을 열고 다가가며 말 걸기를 반복하고, 자립지원 이전에 '함께 지내는 사람'이 되기 위한 노력을 기울인다. 이를 위해 초기상담을 두 명의 실천가가 함께 진행하는 경우도 있다. 이는 청소년이 한 실천가와 갈등을 겪더라도, 다른 실천가에게 다시 다가가 도움을 요청할 수 있는 '관계의 안전망'을 확보하기 위함이다.

청소년과 이야기를 나눌 기회가 생긴다면, 과거 이야기를 듣는 것을 최소화하되, 꼭 이야기를 들어야 할 경우에는 충분히 양해를 구하였다.

"정말 그래도 돼요?"

"우리가 지원을 위해 꼭 알아야 할 부분이 있다면 그때 얘기해 줘도 좋고 우리가 필요하면 다시 물어볼 테니 그때 얘기해 줘도 돼요."

그렇지만 청소년이 자신의 이야기를 하고 싶어 한다면, 충분히 이야기할 수 있도록 시간을 할애하였다. 청소년 중에는 자신의 이야기를 꽁꽁 숨기는 경우도 있고, 원가정이나 시설에서의 경험을 굳이 묻지 않아도 들려줄 때가 있었다. 어떤 쪽이든 그것은 그간 힘들었던 자신의 과거를 풀어내는 방식이라는 생각이 들었다. 실천가는 청소년이 이야기하지 않는다면 몇 시간이고 기다려 주었다. 그리고 청소년이 이야기를 많이 하면, 두 시간이고 세 시간이고 그들의 이야기를 들었다. 이 모두가 애써 온 그들의 삶을 위로하고 공감하는 방법이었다. 기약할 수 없는 기다림과 다양한 시도 속에서 실천가는 청소년과 함께 소통하였고, 서로의 관점과 가치를 맞춰 가는 과정에서 진정한 팀으로 청소년과 함께할 수 있었다.

··· 자립은 청소년의 주도적 삶 그 자체

자립지원은 청소년의 삶을 도우려는 것이 아니라, 청소년이 '자기 삶의 주인'이 되도록 함께 길을 찾는 과정이다. 자립에 대한 계획은 실천가가 대신 정해 주는 것이 아니라, 청소년의 기대와 상상을 중심으로 만들어져야 한다.

"연진 님은 어떤 상태가 되면 '자립'한 것 같다고 느낄 것 같아요?"

"음……, 나 혼자 일해서 돈 벌고 밥 먹고, 누구한테도 피해 안 주고 살면요."

"연진 님이 원하는 자립은, 혼자서도 괜찮은 삶이구나."

"……근데 진짜 혼자는 아닌 것 같아요. 누가 있어 주는 게 필요하긴 해요."

"혼자서도 괜찮은 삶. 그런데 혼자이지 않은 삶. 그 균형을 같이 만들어 보면 좋겠네요."

이 대화는 청소년이 자립을 '완전한 독립'이 아닌 '도움을 받되 중심은 자신인 삶'으로 새롭게 정의하는 전환점이 되었다.

청소년들은 대부분 현재를 살고 있지만, 그 현재는 여전히 과거의 그림자를 끌고 온다. 실천가가 어려움에 초점을 맞추면 청소년은 현재의 자기 가능성을 보기 어렵다. 대신 실천가는 그들이 오늘을 '살아 내고 있는 힘'을 발견하고, 그 힘을 기반으로 미래를 설계할 수 있도록 돕는다.

"지금까지 해 온 걸 보니까, 앞으로도 분명히 해낼 것 같아요."

청소년이 힘겨운 이야기를 꺼낸 다음 날, 실천가는 이렇게 말했다.

"진짜 대단한 사람이라는 거 알아요? 그 상황에서도 지금까지 이렇게 버텼다는 게……."

청소년은 그 말을 듣고 오래 침묵하다 작게 말했다.

"……그런 말, 처음 들어 봐요."

자립은 청소년이 주도적 삶을 살아가는 것이고, 청소년의 권리다. 따라서 자립은 청소년의 주도 하에 이루어져야 하며, 실천가는 가르치는 존재가 아니라 함께 걷는 사람이다. 때로는 청소년이 앞서고, 때로는 실천가가 길을 밝혀 주며, 서로의 보폭을 맞추며 걷는다.

자립관에서는 청소년에 대한 사례관리 기간이 최대 2년으로 정해져 있지만, 청소년 스스로 '이쯤이면 됐다'고 느끼면 언제든 자립지원을 종결할 수 있다. 놀랍게도 한 청소년은 1년 반쯤 되자, 이렇게 말했다.

"저는 이만하면 된 것 같아요. 지금은 다른 친구에게 더 필요할 것 같아요. 그 친구가 좀 더 많은 도움을 받으면 좋겠어요."

자신의 삶을 정리해 가며, 또 다른 누군가를 배려할 수 있다는 것. 실천가는 그것이야말로 진정한 자립의 증표다.

청소년자립지원관은 일정 기간 청소년쉼터 또는 청소년회복지원시설의 보호를 받았음에도 가정 · 학교 · 사회로의 복귀가 어려운 청소년에게 자립 생활에 필요한 능력과 여건을 갖추도록 지원하는 청소년복지시설이다. 이 시설은 독립적인 생활이 가능한 청소년에게 주거를 기반으로 자립 지원 서비스를 제공하는 '이용형'과, 독립 생활이 어려운 청소년에게 사회적응 훈련과 생활공간을 병행 제공하는 '혼합형'으로 운영된다.[1]

청소년자립지원관은 단순한 주거 지원을 넘어, 청소년이 '혼자가 아닌 상태'로 사회에 진입할 수 있도록 동행하는 의미 있는 공간이다. 자립지원관에서는 최대 2년간 사례관리를 통해 청소년의 자립 역량과 욕구를 면밀히 사정하고, 이를 바탕으로 개별 자립계획을 수립하여 주거지원과 함께 취업, 교육, 생활기술 습득, 정서적 지원 등 다양한 맞춤형 자립 프로그램을 제공한다.

2023년 기준, 전국에 설치된 청소년자립지원관은 총 15개소로, 지역별

1 여성가족부(2022). 청소년자립지원관 운영매뉴얼.

수요에 따라 확대 운영이 검토되고 있다. 다만 시설 수의 부족, 지원 인력의 과중한 업무, 지역사회 자원과의 연계 한계 등은 여전히 해결해야 할 과제로 남아 있다.

V

다양한 영역에서의 실천

18 사법과 복지의 만남

가정법원에서의 실천

사례 제공자 송현종은 2001년 7월부터 가정법원 조사관으로 일하며 가정법원의 복지적 기능을 연구하고 개척해 왔다. 이혼과 자녀, 입양, 성년후견, 소년비행, 가정폭력, 아동학대 등 사회문제에서 사법복지적 실천 방안을 정립해 보려고 한다. 일본, 대만 등 여러 나라의 관련 학자, 실천가와의 교류에도 힘쓴다.

"아이들은 누구의 편도 아닙니다."

이혼 소송을 시작한 부부는 서로 다른 성장 배경과 경제적 여건을 뛰어넘고 결혼하여 초등학교 저학년 딸 둘을 두고 있었다. 그러나 결혼 생활은 오래가지 못했다. 아내는 남편이 가출한 뒤 시어머니와 함께 아이들을 강제로 데려가 연락을 끊었다고 주장했다. 남편은 아내가 오히려 정신과 병력이 있으며 성관계를 거부하고, 폭력 문제를 갖고 있다고 맞섰다. 아이들은 엄마와 완전히 단절된 채 남편의 가족과 함께 지내고 있었고, 재판부는 아내의 정신과 병력을 이유로 문제 해결의 가능성을 낮게 평가하고 있었다.

"아이들은 누구의 편도 아닙니다."

조사관은 첫 면접에서 부부가 분노로 대립하고 있는 듯 보였지만, 대화가 깊어질수록 공통된 지점이 있다는 것을 발견했다. 바로, '아이들이 행복했으면 좋겠다'는 바람이었다. 그 말에 조심스럽게 되물었다.

"혹시 지금까지 아이를 위해서 잘하신 점, 기억나는 게 있으신가요?"

남편은 말없이 고개를 숙이다가 "딸아이 학교 발표회에 매번 갔어요. 아내가 힘들 때, 육아는 대부분 제가 맡았어요." 하고 중얼거렸다. 아내는 눈시울이 붉어지며 "작은아이가 아플 때 밤새 깨서 업고 있었어요. 그 아이가 저를 제일 많이 찾았죠."라고 말했다.

조사관은 부모로서 이들의 강점에 주목했다. 단지 과거에 머물지 않고, 이 강점이 앞으로 어떻게 이어질 수 있을지를 함께 상상하기 시작했다. 두 사람 모두 법원의 이혼 부모교육에 참여했고, "어떻게든 아이들 앞에서는 더 나은 어른이 되고 싶다."라고 말하기도 했다.

··· 이용자의 생활공간에서 관찰하고 이야기 나누기

가사조사 절차를 진행하면서 부부는 2주에 한 번씩 모녀의 면접교섭을 합의하였다. 아내는 남편이 근무하는 지방 중소도시 작은 호텔에서 자녀와 1박을 하며 만나게 되었다. 그리고 재판이 끝나기 전까지 이들이 지켜야 할 사항을 정하는 법관의 사전처분 결정도 이끌어 냈다.

서류와 면접만으로는 아내가 양육권을 얻기 명백히 불리한 상황이었으나, 조사관은 완강하게 대립하는 부부의 상황을 더 자세히 알아봐야겠다고 생각했다. 그리고 친권과 양육권 분쟁에서 부모 자녀 간의 관계가 매우 중요하므로, 그것을 실제로 볼 필요가 있다고 여겼다. 조사관은 직접 지방 도시로 출장 가서 엄마와 외할머니 그리고 자녀가 만나는 상황을 관찰하였다.

그런데 첫 만남에서 예상치 못한 일이 벌어졌다. 큰딸은 헤어질 시간이 되자 "나도 엄마랑 갈래!" 하며 소리를 지르고, 화장실에 다녀온 엄마가 안 보이자 울며 화장실 문을 열고 들어가려 했다. 엄마 품에 매달린 딸을 겨우 떼어 내고 데려가는 남편과 시어머니의 얼굴에도 눈물이 맺혀 있었다. 이 장면을 직접 관찰한 조사관은 확신했다.

'아이는 어느 한쪽 애착의 단절이 아니라 회복을 요구하고 있다.'

조사관은 곧바로 재판부에 보고서를 제출하고, 아이들의 심리적 고통과 애착 관계의 중요성을 강조했다. 판단보다 치유가, 법보다 관계가 우선되어야 하는 순간이었다.

조사관은 이후 시부모, 친정어머니, 부부 모두를 면담하고 가정의 경제적 여건, 거주지 문제, 양육능력 등 현실적인 어려움도 함께 살폈다. 그리고 이런 질문을 했다.

"지금 가진 것 중에서, 우리가 아이들을 위해 활용할 수 있는 게 뭐가 있을까요?"

아내는 치료를 성실히 받고 있었다. 남편은 자녀의 감정을 이해하고 공감하는 능력이 있었다. 시아버지는 갈등보다 손녀의 안정을 우선했고, 친정어머니는 이전에도 손녀를 보살핀 경험이 있었다.

"지금 있는 자원이 충분히 소중합니다."

조사관은 그 강점들을 정리하여 재판부에 보고했고, 단지 '누가 더 문제인가?'가 아니라 '이 가족이 어떤 회복의 가능성을 가지고 있는가?'에 초점을 맞춘 판단을 할 수 있도록 도왔다.

··· 세 시간의 조정, 3년의 상처를 덮다

조정 기일에는 가족 모두가 참여했다. 세 시간 동안 이어진 조정은 쉽지 않았다. 그러나 결국 부부는 양육권을 아내가 갖고, 실질적 공동양육 형태로 양육비와 면접교섭을 조율하기로 합의했다. 판결이 아닌 합의였다. 이러한 결정은 처음 소송을 제기한 상황을 생각하면 기적과 같은 일이었다.

조정이 끝난 후, 만남의 방에서 아이들은 엄마에게 달려가 안겼다. 첫째는 "엄마랑 진짜 같이 사는 거야?"라고 물었고, 부부는 "그래, 이제는 진짜야."라고 말했다.

시어머니가 친정어머니에게 손을 내밀었다.

"사돈, 이제부터 진짜 고생하시겠습니다. 애들 잘 부탁해요."

친정어머니가 웃으며 답했다.

"지금까지 잘 보살펴 주셔서 감사합니다. 저도 이제 잘해 보겠습니다."

과거의 문제에 천착하여 이용자의 문제 해결 가능성을 인정하기 쉽지 않은 사법 공간에서, 조사관은 아내와 남편, 그들 부모가 가진 강점에 초점을 두고 실천했다. 정신과 병력, 경제적 취약성, 양육환경 미비 등으로 인해 사법적으로는 '불리한' 조건 속에서, 조사관은 면접에서 드러나는 이야기뿐 아니라, 실제 현장을 직접 방문하고 관찰하면서 가족의 진심과 강점, 예외를 확인하였다. 그리고 이용자 모두가 가진 회복의 가능성, 사랑의 증거를 발견해 냈다.

가정법원은 사법과 복지가 만나는 공간이다. 과거 중심의 사실 인정보다, 미래 중심의 관계 회복을 선택했을 때 우리는 단절된 관계가 다시 연결될 수 있음을 보게 된다. 그리고 이 실천의 중심에는 '사람은 변화할 수 있다'는 믿음, 즉 강점관점 해결중심 실천이 있었다.

우리나라의 가정법원은 이혼 · 친권 · 양육 등 가사사건뿐만 아니라, 소년비행에 대한 소년보호사건, 가정폭력에 대한 가정보호사건, 아동학대에 대한 아동보호사건 등을 포괄적으로 다룬다. 가정법원은 사법기관으로서의 성격도 있지만, 동시에 가족의 문제를 실질적으로 해결하기 위해 복지적 관점에서 접근하는 사회적 기능도 수행한다. 실제로 가정법원 이용자 중 상당수는 의료적 · 심리적 · 사회적 욕구가 복합적으로 얽혀 있으며, 이들의 문제 해결을 위해서는 통합적 접근이 요구된다.[1] 최근 연구에 따르면, 국민 역시 가정법원이 단순히 법률적 판단을 내리는 기관을 넘어 가족문제의 해결기관으로서의 역할을 수행하기를 기대하고 있는 것으로 나타났다.[2] 이러한 변화는 가정법원이 좀 더 복지적 · 회복적 사법으로 나아가야 한다는 시대적 흐름과도 맞닿아 있다.

가정법원 내 조사관은 이러한 복지적 기능을 실현하는 핵심 실천가다. 법률상 이들은 가사조사관 · 소년보호조사관 · 가정보호조사관 등으로 구분되며, 각 사건에 대해 법관의 명령에 따라 이용자와 가족을 면담 · 조사하고, 인간행동과학적 전문성에 기반한 평가를 실시한다. 또한 필요한 경우 사회복지, 심리상담, 의료기관 등 외부 자원을 연계하거나 직접 조언과 상담을 제공함으로써, 법원의 이용자가 스스로 문제를 해결할 수 있도록 지원한다.

현재 전국 가정법원 및 가정지원에는 약 370여 명(2024년 기준)의 가사조사관이 배치되어 있으며, 이들은 소년사건, 이혼 및 친권 관련 분쟁, 보호사건 등에서 해마다 수만 건에 이르는 조사를 수행하고 있다. 하지만

1 Schepard, A. (2004). *Children, courts and custody*. Cambridge University Press.

2 노혜련, 한우재, 최경일(2023). 한국형 가정법원 조사관 모델 개발 및 운영에 관한 실증적 연구. 법원행정처.

사건의 복잡성은 증가하는 반면 인력과 시간은 제한적이기 때문에, 조사관 개개인의 전문성과 실천적 역량이 무엇보다 중요한 현실이다.

전통적인 사법기관은 과거의 사실을 확정하고 법률적 책임을 규명하는 데 초점을 맞추지만, 가정법원 조사관의 실천은 이용자의 변화 가능성과 회복력에 주목하며, 문제 해결의 주체로서 이용자의 능력과 자원을 인정한다는 점에서 강점관점 해결중심 실천과 닮아 있다. 조사의 목적은 단순한 사실 확인이 아니라, 갈등의 근본적 맥락을 이해하고 미래를 위한 실질적 해결방법을 함께 모색하는 데 있다. 이는 법원의 복지적 기능을 실현하고, 이용자의 인권과 회복을 중심에 두는 실천으로 나아가는 출발점이 된다.

19

차이는 다양한 기회

이주민을 위한 실천

사례 제공자 이호경은 정신 의료기관에서 정신장애인의 사회복귀를 돕는 사례관리자로 일하고 지역복지회관에서 복지사업을 운영했으며, 현재 법무부의 외국인을 위한 사회통합 프로그램의 교육 강사로 일하고 있다. 표현 방식이 다르다고 이방인으로 소외되지 않는, 다양성을 존중하며 공존하는 사회를 만들기 위해 노력하고 있다.

··· 서툰 말도 괜찮아요. 그게 우리 수업에선 제일 멋진 말이에요.

"선생님, 저…… 말이 잘 안 돼요. 그냥 듣기만 해도 돼요?"

수업이 시작되기 전, 조용히 다가온 여성이 말했다. 그녀는 네팔에서 온 라미 씨였다. 어린 아기를 안고 온 그는 의기소침한 표정이었다. 다른 엄마들은 삼삼오오 앉아 있었지만, 라미 씨는 제일 끝자리, 문 가까이에 앉았다.

"물론이죠. 오늘은 듣기만 해도 좋아요. 그런데 혹시…… 좋아하는 한국 음식 있으세요?"

"……김치찌개, 조금 매워도 괜찮아요."

작은 대화였지만, 그것이 시작이었다. 나는 라미 씨에게 '김치찌개'를 주제로 짧은 글을 함께 써 보자고 제안했다. 그림도 곁들이고, 자신의 나라 음식과 비교도 해 보며 이야기를 풀었다. 다음 수업 때 라미 씨는 자신이 그린 '달 바트(네팔식 정식)' 그림을 보여 주며 이렇게 말했다.

"선생님, 저도 우리 음식 이야기하고 싶어요."

'한국 사회 이해와 한국어 교육' 수업은 단순한 언어교육이 아니었다. 우리는 이렇게 각자의 문화와 삶을 꺼내 놓는 연습부터 시작했다. 이용자들은 한국어 능력뿐 아니라 교육 수준도 매우 다양하다. 수업 내용이나 교재 내용을 넘어서는 지식과 정보력을 갖춘 이용자도 있지만, 상대적으로 그렇지 못한 이용자들은 이러한 차이로 수업에서 소외되거나 위축되기도 한다. 이러한 한계를 보완하기 위해 강사는 다양한 교구재를 활용하여 교육 효과를 높일 수 있다. 예를 들어, '한국 사회 이해' 교육 내용에는 한국의 의식주, 역사, 법, 정치와 선거제도, 문화 유적과 역사적 인물, 경제활동 등이 포함되어 있는데, 이때 이용자의 이해를 높일 수 있는 사진이나 동영상, 현장 견학, 사례 제시, 역할극, 신체활동 게임, 스피드 퀴즈, 실물 교구 등을 적극적으로 활용한다.

특히 이용자의 모국에 관해서도 관심을 두고 소개할 수 있도록 기회를 제공할 수 있다. 만약 한국어가 아직 서툴다면 그림 자료만으로도 충분히 내용 전달이 되는 부분을 부탁한다. 부탁을 받은 이용자는 한국어는 서툴러도 자신의 나라에 관해서는 누구보다도 잘 아는 전문가이므로 기쁜 마음으로 열심히 소개한다. 발표자의 설명이 조금 부족하면 국적이 같거나 비슷한 문화권에서 온 다른 이용자들이 설명을 돕도록 한다. 그러면서 자연스럽게 서로 소통하게 된다. 이런 시간을 한번 경험하면, 수업에 적극적으로 참여하는 변화가 나타나기도 한다.

"히잡을 왜 써요?"

한 한국인 엄마의 질문에, 파키스탄에서 온 사미아 씨는 웃으며 대답했다.

"이건 제 마음을 조용하게 해 주는 친구예요. 하나님과의 약속이기도 하고요."

"아……, 멋지네요. 저는 그냥 더울까 봐 걱정했어요."

"맞아요. 더울 땐 힘들어요. 그런데 속은 시원해요. 우리나라처럼 햇빛이 뜨거운 곳에서는 바깥에 피부를 드러내는 것보다 가리는 것이 덜 뜨겁기도 해요."

그 짧은 대화 이후, 서로가 조심하던 분위기가 바뀌었다. 사미아 씨는 다음 시간에 파키스탄 전통 복장을 직접 입고 오기도 했다. "예쁘다."라는 말에 수줍게 웃으며 말했다.

"처음엔 이상할까 봐 걱정했어요. 그런데 여러분이 따뜻해서 용기 냈어요."

우리는 여성들이 머리에 쓰는 '히잡'은 사막의 모래바람이나 뜨거운 햇볕으로부터 피부를 보호하는 것 외에도 역사적으로 전쟁이 많았던 중동 지역에서 여성을 보호하는 것, 그리고 타인의 시선보다 자신에게 집중하라는 종교적 교리를 지키기 위한 것 등 그 용도와 목적이 매우 다양하다는 점을 알게 되었다. 이용자들은 '히잡'이라는 복식에 관한 학습을 통해 중동 지역의 자연적 환경, 역사적 배경, 종교적 신념 등이 어우러진 그들만의 독특하고 중요한 문화라는 것을 이해하게 되었다.

서로 다른 문화적 배경의 차이는 사람들 사이에서 오해와 갈등의 소지도 되지만 이를 잘 다룰 수 있으면 서로에 대한 이해와 공감을 높이는 좋은 자원이 될 수 있다. 강사는 이용자가 서로 간의 상호작용을 통해 다른 문화의 낯선 행동을 다름으로 인정하며 스스로 어려움을 해결하는 계기가 될 수 있도록 해야 한다.

이 수업은 단순한 언어 학습이 아니라, 참가자들이 자신의 삶과 문화를 표현하고, 서로의 다름을 자원으로 바꾸는 과정이었다. 각자의 나라에서 가져온 식문화, 의복, 육아 방식, 언어……, 처음에는 '다름'이었지만, 나중에는 배움의 재료가 되었다.

"서툰 말도 괜찮아요. 그게 우리 수업에선 제일 멋진 말이에요."

··· 책 읽을 수 있을까요? 저도 해 보고 싶어요.

중국 출신 결혼이민자인 진진 씨는 네 달 된 아기를 업고 수업에 참석했다. "아기랑만 있으니 한국말이 더 어려워지는 것 같아요……."라고 말하던 그는, 어느 날 수업 중 소개한 '그림책 읽기 활동'에 관심을 보였다.

"선생님, 그거…… 저도 할 수 있을까요? 그림책 읽는 거."

"당연하죠. 진진 씨 목소리 정말 부드러워요. 아기한테 꼭 들려주면 좋을 것 같아요."

진진 씨는 다음 주에 그림책 한 권을 들고 왔다. 서툰 발음이었지만, 문장마다 멈추지 않고 끝까지 읽어 냈다. 모두가 박수를 쳤다. 진진 씨는 웃으며 말했다.

"처음으로, 아기한테 책을 읽어 줬어요."

나는 평일 대부분의 시간을 혼자 지내는 일이 많은 진진 씨와 아기가 안전하면서도 편안하게 시간을 보낼 만한 다른 활동이 필요하다고 생각했다. 그래서 진진 씨의 집 근처에서 아이와 같이 갈 수 있을 만한 장소들을 물색했다. 나는 지역 도서관 '모자열람실'에도 함께 가 보자고 제안했고, 진진 씨는 그곳에서 지역정보를 얻게 되었다. 모자열람실은 한국어와 아기의 언어발달 교육에도 관심이 많은 진진 씨에게 안성맞춤 공간이었다. 또 하루는 버스를 타고 세 정거

장이면 갈 수 있는 대형서점에 같이 가 보았다. 대형서점은 도서관과 또 다른 생동감이 있는 곳이라 색달라했다. 대형서점도 유아 휴게실이 있어서 아기와 같이 갈 수 있으며 남들 시선을 신경 쓰지 않아도 되는 곳이라 좋아했다. 진진 씨는 아직은 한국어가 서툴러 한국 사람들이 자신에게 말을 거는 것에 부담감을 많이 가지고 있었다. 한국어와 아기의 언어교육에도 도움이 되면서 비용이 많이 들지 않고 아기와 같이 갈 수 있는 안전하고 편안한 장소들이 한두 곳씩 늘면서 진진 씨의 표정도 점점 밝아졌다.

"보건소에서 프로그램도 한다는데……, 근데 뭐라고 말해야 할지 몰라요."

"뭐라고 문의하면 좋을지 함께 문장을 만들어 봐요. 물어보는 것은 진진 씨가 직접 해 봐요."

진진 씨와 육아를 안전하게 할 수 있는 장소를 찾아 지역사회 적응 활동을 할 때 세운 가장 중요한 원칙은, 실생활 현장에서 스스로 주도적으로 말하고 행동하도록 격려하고 기다리는 것이었다. 진진 씨는 자신에게 필요한 자원을 찾는 과정에 방문교육 지도사가 동행하는 것만으로도 많은 용기를 얻는 듯하였다.

이를 위해, 먼저 인터넷으로 보건소 홈페이지를 방문해 진진 씨와 아기가 이용할 만한 서비스가 있는지 알아보았고, 질문할 내용을 미리 적어 가서 진진 씨가 직접 보건소 직원에게 확인하기로 했다.

"우리 아기 예방접종 왔어요."

"어디에서 하나요?"

"우리 아기랑 할 수 있는 프로그램 알고 싶어요."

다행히 보건소 직원들은 진진 씨가 서툰 한국어로 질문할 때 천천히 그리고 또박또박 답변해 주었다. 며칠 후, 진진 씨는 혼자 보건소에서 유아 오감 발달 프로그램을 신청하고, 6주 동안 스스로 아기를 데리고 다녔다.

오감 발달 선생님은 아기 발육 상태도 좋고, 진진 씨가 한국어가 서툴러 의사소통이 어려운데도 프로그램을 잘 따라 한다면서, 양육자로서의 역량과 적극적인 태도에 대한 칭찬을 많이 해 주었다. 마지막 수업 날, 진진 씨는 말했다.

"제가 이제는 잘할 수 있을 것 같아요. 이제는 '나는 해 봤다.'라고 말할 수 있어요."

"모르는 것은 물어보면 돼요. 다른 사람들도 다 몰라요. 우리 서로 배우면서 하면 돼요."

진진 씨는 같은 프로그램에 참석하는 이웃의 아기 엄마와 동네 놀이터에서 따로 만날 정도로 친밀한 관계를 맺고 있다. 또래 엄마와 유용한 정보도 나누며 육아에 대한 자신감이 더욱 높아졌다.

··· 문화적 배경의 다름을 강점으로 인식하기

문화적 배경이 다른 사람들과 함께 실천할 때는 개인적 특성뿐 아니라 문화적 특성도 함께 고려해야 한다. 외국인이기 때문에 한국어와 한국 문화가 익숙하지 않을 뿐 그들은 이미 지금까지 살아왔던 사회의 구성원으로 자기 역할을 해 왔던 사람들이다. 이런 특별한 경험은 오히려 강점이며 새로운 역량으로 발전할 수 있는 자원으로 바라보아야 한다. 실천가는 이용자가 자신을 무능하거나 미숙한 존재가 아닌 능력 있는 존재로 인식할 수 있도록 격려해야 한다. 이런 점에서 강점관점 해결중심 실천은 문화적 배경이 다른 외국인과 일할 때 매우 유용하다.

결혼이민자 진진 씨는 어눌한 자신의 한국어가 자녀의 언어발달에 나쁜 영향을 줄까 두려워 아이와의 소통도 스스로 제한하고 있었으나, 방문교육 지도를 통한 발달단계별 육아 정보 제공과 또래 한국 아기 엄마들과의 교류로 이중 언어 사용의 강점을 인식하게 되었다. 그리고 사회통합 수업에서는 외국인 이용자의 서툰 한국어에 집중하는 대신 자기 나라와 문화에 대한 전문가로 대할 때, 그들은 다른 사람에게 자신의 문화를 소개하면서 소극적 교육 이용자에서 적극적 이용자로 나아갈 수 있었다. 자신들을 '특별한 경험'을 가진 존재로 인식하게 되면서 자신감과 능력을 발휘할 수 있었던 것이다. 또 정보나 자원의 접근에 제한적인 외국인에게는 그들이 필요로 하는 것을 탐색하고 스스로 접근할 수 있도록 도움을 제공해야 한다. 정보와 자원을 주도적으로 활용할 수 있게 되면 이용자는 자신이 원하는 것을 얻기 위한 최선의 결정을 해 나갈 수 있다.

법무부 사회통합 프로그램(Korea Immigration & Integration Program: KIIP)은 2009년 시범사업으로 시작되어, 재한 외국인과 이민자가 한국 사회에 안정적으로 적응하고 자립할 수 있도록 지원하는 정책 사업이다. 이 프로그램은 '한국어와 한국문화' '한국사회 이해'의 두 교육과정, 총 5단계로 구성해 운영하며, 외국인이 한국 생활에 필요한 언어와 문화, 사회적 소양을 체계적으로 습득하도록 돕는다. 사회통합 프로그램 이수자는 이후 평가를 거쳐 체류 자격, 영주권, 국적(귀화) 신청 시 다양한 혜택을 받을 수 있다. 프로그램 초기에는 동남아시아 출신 결혼이민자와 외국인 근로자 중심으로 운영되었으나, 점차 이용자의 국적, 연령, 직업, 체류 목적이 다양화됨에 따라, 외국인이 한국 사회의 일원으로 공존하며 역량을 발휘할 수 있도록 지원하는 포괄적 통합 프로그램으로 발전하였다.

'한국사회 이해' 과정은 사회통합 프로그램의 최종 단계로, 한국의 정치와 법률, 복지, 역사, 경제, 가족, 일상문화 등 전반적인 사회 구조에 관한 이해를 돕는 교육이다. 여성가족부의 '다문화가정 방문교육 서비스'는 입국 5년 이하의 결혼이민자와 자녀, 중도 입국 자녀를 대상으로 언어 적응과 안정적 정착, 자녀 양육을 지원하기 위한 사업이다. 방문교육지도사가 가정을 직접 방문하여 한국어 교육과 생애주기별 부모교육, 자녀 생활지도 등의 맞춤형 서비스를 제공하며, 다문화가정이 초기 정착 단계에서 소외되지 않고 일상생활에 안정적으로 적응할 수 있도록 실질적인 도움을 주고 있다.

20
정책 실행은 현장으로부터

공공기관에서의 실천

사례 제공자 김주미는 학교와 교육청에서 학교사회복지사로, 영유아복지 현장인 시소와그네 영유아통합지원센터에서 강점관점 해결중심으로 실천하고, 이를 현장 실무자들에게 교육해 왔다. 현재 공공기관인 서울시여성가족재단에서 영유아, 아동을 돕는 실천 현장을 지원하는 업무를 수행하고 있다.

…그렇게 하는 데는 분명 이유가 있을 텐데요

"내가 부동산 중개업자도 아니고 온갖 매물을 다 보고 다녀야 하나요?"

"이미 학교 방과후 교실도 있고, 지역아동센터도 있는데, 왜 또 만들어야 하나요?"

구청 공무원의 볼멘소리가 들린다. 서울시가 초등 방과 후 틈새 돌봄 문제를 해결하고자 시작한 '우리동네키움센터'. '아이들이 쉴 수 있는 공간이 부족'하다는 현장의 목소리에 귀 기울여 시작한 이 사업은 좋은 취지와 달리, 현장에서는 시작부터 우려의 목소리가 컸다.

돌봄 전문가들이 모인 간담회 자리. 지역아동센터장이 조심스럽게 입을 열었다.

"솔직히요……, 우리 아이들 다 뺏기는 거 아닌가 걱정됩니다."

"우리 처우는 더 낮은데, 새 시설에는 아이들이 몰리고……, 누가 좋아하겠어요."

우리동네키움센터 지원단의 담당자가 조용히 되물었다.

"센터장님, 그렇게 말씀하시는 데는 분명 이유가 있을 텐데요. 어떤 마음이신지 더 들려주실 수 있을까요?"

"사실 저희 아이들, 다들 힘든 아이들이에요. 하루하루 정 붙이고, 안정되기까지 얼마나 시간이 걸렸는데……."

우리동네키움센터가 생긴다는 소문과 함께, 지역 돌봄기관 사이에서는 지금까지 쌓아 온 노력과 사업이 침해당할지도 모른다는 걱정과 오해가 점차 커지고 있었다. 아동 수는 점차 줄어드는데, 같은 목적을 가진 돌봄 시설이 늘어남에 따라 우리동네키움센터 같은 신규 시설이 들어오면 기존 시설은 공간이나 환경 면에서 경쟁력을 잃을 수밖에 없다는 점도 그 이유 중 하나였다.

"일반형과 융합형은 어떻게 다른 거예요?"

"거점형 키움센터는 왜 필요한 거예요?"

우리동네키움센터의 유형별 기능과 역할에 대해서도 혼란이 있었다. 이 사업은 연구를 통해 개발된 새로운 돌봄 모델이었기에, 관련 이용자 간의 이해 수준이 제각각이었다. 재단은 정부와 현장을 연결하는 중간 지원 역할을 담당해야 했으므로, 더 전략적인 접근이 필요했다.

··· 이 동네에서 아동을 제일 잘 아는 분이 누구세요?

재단은 방향을 바꿨다. 사업을 '설명하는 자리'에서 '듣는 자리'로 전환한 것이다.

"어떤 공간이 아이들에게 제일 필요한가요?"
"지역에서 잘되고 있는 사례가 있다면 같이 살펴볼 수 있을까요?"

이런 질문들 속에서, 종사자들의 얼굴이 서서히 열렸다. 문제만 묻던 태도에서, '잘하고 있는 것'을 찾는 방식으로 접근하자 말문이 트였다. 재단에서는 기존의 돌봄기관이 어떤 어려움을 겪고 있는지에 대한 질문을 멈추고, 앞으로의 변화와 해결에 대한 질문을 더하였다. 예를 들면, 이 상황이 어떻게 달라졌으면 좋겠는지, 무엇을 어떻게 해결하고 싶은지, 새로운 정책 환경에 어떻게 대응하려 하는지 등을 묻고 듣기 시작했다.

이 과정은 지자체를 기본 단위로 한 간담회, 설명회 형식으로 진행하였다. 먼저, 지자체 내 우리동네키움센터협의회가 구성된 지역과 자치구별 지역아동센터협의회를 찾아가 우리동네키움센터의 설치 목적을 설명하고 협력의 가능성을 모색하였다. 이를 통해, 기관의 공통점과 차별점 등을 점차 명확하게 파악하고 정리할 수 있었다. 거의 매일 서울시 25개 자치구를 방문하고 소통하는 것이 쉽지 않은 일이었지만, 마을에서 아이들을 잘 돌보는 일의 중요성과 사명감을 다시 한번 확인할 수 있던 값진 경험이었다.

이 소통을 통해 공감한 것은 지역사회에는 여전히 초등 돌봄의 공백이 있으며, 이를 해소하기 위한 방안을 마련해야 한다는 점이었다.

"아이들의 돌봄은 우리 지역에서 해결해 봐야죠!"
"언제까지 서로 갈등하면서 있겠어요!"

센터를 개소한 후에도 이러한 노력은 계속되었다. 강북구 B동에서는 우리동네키움센터 설치 초기부터 마을 돌봄기관들을 직접 찾아가 관계를 만들었다. 한번은 이렇게 대화를 시작했다.

"센터장님, 이 동네에서 아동을 제일 잘 아시는 분이 누구세요?"
"저요. 지역아동센터를 운영한 지 12년 됐어요."
"그럼 저희 좀 가르쳐 주세요. 어떻게 하면 아이들 눈높이에 맞는 돌봄이 될 수 있을까요?"

그 말을 들은 센터장은 놀라운 듯 웃었다.

"그렇게 말해 주는 사람 처음이에요. 다들 그냥 '협조해 달라'고만

하거든요."

이후 마을돌봄협의회가 꾸려졌고, 이곳에서는 아동 · 청소년 미디어 매뉴얼, 마을강사와 함께하는 뮤지컬 수업 등 아이디어가 넘쳐났다. 센터 간 연계도 자연스럽게 이뤄졌다.

은평구에서는 한 건물에 지역아동센터와 우리동네키움센터가 나란히 있었다. 초반에는 서로 눈치만 보던 두 기관. 어느 날, 우리동네키움센터 담당자가 먼저 문을 두드렸다.

"혹시, 우리 아이들 간식 같이 구매할 수 있을까요? 공동 구매하면 싸게 받을 수 있대요."

"그래요? 아, 그럼 간식뿐 아니라 체육활동도 같이 해 보면 어때요?"

그렇게 시작된 협업은 공동 프로그램 운영, 공간 공유, 공동 식사로 확장되었다. 아이들은 더 많은 선택의 기회를 얻게 되었고, 종사자들은 서로의 노하우를 나누며 소진을 줄일 수 있었다.

··· 위기 속에서 빛났던 협력

코로나 19 팬데믹이 닥쳤을 때, 돌봄기관은 가장 먼저 흔들렸다. 현장에서는 이런 말들이 터져 나왔다.

"애들이 와도 못 만지고, 프로그램도 못 하고……, 그냥 가만히 앉혀 놓는 게 돌봄인가요?"

"대체 어떻게 해야 하죠?"

이때 '함께해 보자'는 작은 실험이 시작됐다. 융합형 우리동네키움센터를 중심으로 한 간담회에서는 종사자들이 스스로 해결의 실마리를 찾아갔다.

"그냥 우리가 만나서 이야기나 해 볼까요?"
"언제까지 따로 갈 거예요. 같이 가야죠."

코로나 19 팬데믹으로 돌봄의 문제는 사회적으로 더 주목받게 되었다. 하지만 처음 맞닥뜨린 상황에서 현장은 무엇을 어떻게 시작하고 다르게 해야 하는지 알 수 없어 많이 당황하였고 지금까지와는 전혀 다른 돌봄 방법을 찾아야 했다. 이제 키움센터, 지역아동센터로 구분하고 견제할 시간이 없었다. 두 센터는 '한배'를 탄 공동체가 되어 코로나 19 팬데믹이라는 거대한 파도를 함께 넘어야 하는 과제를 받아 들게 된 것이다. 우선 지역사회 안에서 돌봄기관들이 모여 토론하기 시작했다. 집단지성의 힘을 믿고 지혜를 모으기로 한 것이다. 각 기관에서 경험하고 있는 어려움과 문제는 무엇인지 확인하고, 대안을 찾고, 또 이후 서로 어떻게 협력해야 하는지에 대해 '함께' 고민하였다. 월 1회 간담회, 협력 매뉴얼 정비, 비대면 프로그램 개발, 공동 긴급돌봄 운영……. 위기의 시간을 '협력'이라는 이름으로 이겨 낸 이 기록은, 이후 서울시 전체로 확산되는 계기가 되었다.

"지역 안에서 돌봄기관 간 협력의 중심축이 필요해요."

이때 융합형 우리동네키움센터가 자연스럽게 논의의 중심축 역할을 맡았다. 융합형 우리동네키움센터는 원래 마을 연계 기능, 즉 돌봄의 사각지대 발굴, 마을 돌봄 네트워크 운영의 역할을 할 책임 있는 기관이었다. 이렇게 시작한 만남과 협의 과정은 경쟁이 아닌 협력으로 이어지는 계기가 되었다.

또한 오랫동안 현장 경험을 쌓아 온 전문가인 지역아동센터장들이 키움센터의 현장 컨설턴트로 참여하면서 돌봄 노하우를 나눌 기회도 마련하였다. 지역사회 안에서는 학교 돌봄교실, 지역아동센터, 키움센터가 모여 초등 돌봄 제도에 관한 의견을 나누고, 지역의 이슈를 공유하면서 공동사업을 추진하기도 하였다. 재단은 키움센터의 운영에 필요한 매뉴얼을 개발하고, 종사자들의 전문성을 높이기 위한 교육과정도 마련하였다. 또한 현장 밀착형 컨설팅을 실시하였다. 교육과 행사에는 키움센터뿐만 아니라 지역의 돌봄기관과 인력 모두가 참여할 수 있도록 하였다. 인력과 기관, 지원체계가 모두 질적으로 성장하고 유기적으로 연계되어야만, 결국 틈새 돌봄이 필요한 아동들에게 꼭 맞는 서비스를 제공할 수 있기 때문이다.

지금 돌이켜 보면, 우리동네키움센터의 변화는 '제도'나 '예산'이 아니라 '사람'에서 시작되었다. 현장에 해답이 있다는 신념, 문제보다 가능성을 본다는 태도, 직접 만나 이야기 나누자는 실천. 이러한 접근은 단지 '사업의 안정화'가 아니라, 마을이 아이를 함께 돌보는 새로운 공동체의 탄생으로 이어지고 있다. 그리고 이 변화는 지금도 계속되고 있다. 다음 우리동네키움센터의 문을 여는 그 순간에도, 그곳에 가서 먼저 질문할 것이다.

"센터장님, 이 동네에서 아동을 제일 잘 아는 분이 누구세요?"

서울시여성가족재단(이하 '재단')은 서울시 산하 출자출연기관(공공기관)으로서, 서울시의 여성, 아동, 가족 관련 정책 연구와 현장 지원을 통해 정책 실행을 뒷받침하고 있다. 특히 정책사업본부 내 돌봄사업실은 영유아부터 18세 이하 아동을 대상으로 보육과 돌봄, 아동학대 예방과 대응 등을 아우르는 다양한 사업을 추진하고 있다.

이 가운데 초등아동 돌봄사업은 2017년 보건복지부의 '다함께 돌봄 시범사업'으로 시작되었으며, 서울시에서는 이를 '우리동네키움센터'라는 고유 브랜드로 발전시켰다. '우리동네키움센터'는 초등학생 대상 방과 후 돌봄 사각지대 해소를 목표로 추진하고 있다. 서울시는 대도시의 여건과 지역사회의 특성을 반영하여, 일반형(소규모센터)과 융합형(주말 돌봄 강화된 중규모센터), 거점형(아동과 돌봄종사자에게 공간 · 인적 · 물적 자원을 제공하는 대규모센터)의 세 가지 유형으로 운영하고 있다.[1] 재단은 이러한 센터들이 지역사회에 조기에 안착하고 안정적으로 운영될 수 있도록, 돌봄 콘텐츠 개발, 교사와 운영자 교육, 현장 컨설팅 등 다양한 지원을 한다.

1 서울시, 서울시여성가족재단(2023). 우리동네키움센터 운영 매뉴얼.

21
약점을 강점으로,
빵 굽는 사회복지사 이야기

사회적기업에서의 실천

사례 제공자 장윤영은 초록우산 어린이재단에서 사회복지사로 아동과 가족을 위한 강점관점 해결중심 실천을 해 왔고, 전북과학대학교에서 사회복지학 교수로 학생들을 가르쳤다. 현재는 지역농업에 기반한 지역의 특성을 담은 제품을 개발하여 취약계층의 일자리를 창출하는 사회적기업 천년누리 대표이사로 활동하고 있다.

··· 최고령 근로자 76세, 평균 연령 59세의 할머니들

전주 구도심 한쪽 골목. 오후 3시가 지난 시각, 작은 빵집 안은 고소한 냄새로 가득하다. 은빛 머리의 할머니가 조심스레 빵을 꺼내는 모습을 본 한 손님이 말을 건넨다.

"할머니, 이 빵에 뭐 넣으셨어요? 진짜 밥 먹은 것처럼 든든하고 고소해요."

할머니는 수줍게 웃으며 대답한다.

"그거? 전주비빔빵이에요. 우리 밀, 우리 손맛, 우리 이야기가 들어갔지."

이곳, '천년누리'는 그야말로 '아무것도 없던 데서' 시작했다.

2012년, 천년누리는 전주의 한 비영리법인에서 노인 일자리 창출을 목적으로 설립한 작은 기업이었다. 모법인의 지원으로 고령자 친화기업으로 지정되었지만, 기술도, 마케팅도, 수익 모델도 없는, 말 그대로 '영세한' 회사였다.

기술이 없었기에, 우선 특별한 기술 없이도 시작할 수 있는 한옥 숙박업부터 운영했다. 전주 한옥마을 내 숙박업소를 정성껏 관리하고, 어머니의 마음으로 손님을 응대하면서 점차 입소문이 나기 시작했다. 그러나 숙박업소 한 곳에서 발생하는 매출로는 어르신들의 월급을 충당하기 어려웠다.

그 무렵 지역 내 제과제빵 기술자들의 자원봉사로 어르신들이 제과제빵 기술을 배울 기회가 생겼다. 교육을 받은 어르신들은 화과자를 만들어 결혼식장에 납품하기 시작했다. 한옥 숙박업과 화과자 납품을 병행했지만, 연 매출은 5천만 원에도 못 미쳤다.

이후 천년누리를 본격적인 사회적기업으로 전환하려는 시도가 시작됐다. '우리는 누구이며, 어떤 역할을 해야 하는가?'라는 질문을 다시 던지는 과정이었다. 겉으로 보기엔 기업이고, 소비자에게는 상품을 판매하지만, 상품의 품질이나 서비스는 부족했다. 어르신들로 구성된 종사자는 생산 효율성도 낮고, 기술력도 부족했다. 경쟁력 측면에서 약점을 안고 있었던 것이다.

그렇다고 사회문제를 해결하려는 비전이나 목표를 지닌 비영리 단체도 아니었다. 사회적기업이라는 타이틀에 부합하는 유일한 명분은 '60세 이상 노인들로 구성된 고령자 기업'이라는 점뿐이었다.

"대표님, 우리 빵이 왜 안 팔릴까요?"
"음, 빵 맛도…… 비주얼도 조금 아쉽고……."

빵 모양도 맛도, 외관도 일반 빵집보다 부족했고, 가격은 오히려 비슷하거나 더 높았다.

무엇보다 가장 큰 문제는 빵이 나오는 시간이 오후 1시에서 2시 사이라는 점이었다. 대부분의 빵집은 직원들이 새벽에 출근해 오전 9시쯤에는 진열을 시작한다. 그러나 어르신들이 종사자인 천년누리는 그렇게 할 수 없었다. 쿠키 같은 제과류는 미리 만들어 놓을 수 있지만, 발효빵은 당일 만들어야 하기에 아침 9시에 출근해 반죽을 시작하면 최소 3~4시간이 소요되어 오후에야 첫 빵이 진열되었다. 게다가 5시에는 퇴근이니, 몇 시간 팔지도 못하고 하루가 끝나곤 했다.

"이 집은 공무원들이 운영하나 봐요?"

인근 상인들의 말처럼, 천년누리는 치열하게 생존을 도모하는 '기업'이라기보다, 어르신들이 느긋하게 일하는 '어떤 공간'처럼 보였는지도 모른다. 옆에서 빵을 만지던 70대 김 할머니가 조심스럽게 말을 보탠다.

"우리야 뭐, 하라니까 하는 거지. 원래 잘하던 일도 아니고."

⋯ 우리는 천천히, 느리게, 그러나 세상에 없던 것을 만든다

"우리는 왜 이 일을 하죠? 노인 일자리, 그건 맞아요. 그런데 누구에게, 어떻게, 무엇을 통해, 왜 이 가치를 전달해야 할까요?"

모두 말이 없었다. 그 질문에 진심으로 답해 본 사람이 없었기 때문이다.

"우리, 약점을 강점으로 바꿔 봅시다. 우리가 가진 건 어르신, 전주의 구도심 그리고 우리 밀이에요. 모두 시장에서는 비주류지만……, 어쩌면 이게 바로 우리만의 차별성이 아닐까요?"

우리가 가진 이 세 가지는 모두 낡고, 소외되고, 더는 쓸모없다고 여겨지는 것들이었다. 우리는 젊고 유명한 제빵 기술자들을 따라갈 수 없었다. 유학파 청년들, 기능장이 운영하는 빵집이 즐비한 시장 속에서 우리는 작고 왜소했다. 무서웠고, 자신이 없었다.

노인은 흔히 '경제 활동 인구'가 아니라 돌봄과 배려의 대상으로 여겨진다. 신체적 특성상 일의 속도가 느리고, 고객 응대도 빠르지 않다.

가게가 위치한 곳도 전주의 구도심. 오래된 상가와 인쇄소가 있는, 유동 인구가 적은 지역이었다. 맞은편에는 세련된 카페와 음식점이 즐비했고, 시청 건물 안에도 장애인들이 운영하는 카페가 있었기에, 누가 굳이 길을 건너 우리 빵집에 찾아올까 싶었다.

게다가 원료는 우리 밀. 수입 밀보다 단가가 훨씬 높고, 구하기도 어렵다. 인적 드문 구도심에서 노인들과 함께 고가의 우리 밀로 뭔가를 만든다는 것은 무모해 보였다.

"할머니들 특성을 살린, 느리게 만드는 건강한 빵으로 가죠."

우리는 우리만의 정체성을 찾기로 했다. 노인들이 천천히 일하는 특성을 담아, 천천히 발효되는 건강한 빵을 콘셉트로 잡았다. 그리고 수입 밀가루가 99%를 차지하는 시장에서 1% 미만에 불과한 우리 밀의 가치와 효능을 드러내고자 했다. 전주의 대표 음식인 비빔밥을 활용한 '전주비빔빵'이라는 아이디어도 적용했다. 비빔밥을 우리 밀로 만든 빵 속에 넣어 상품화하고, 선물용으로 포장해 관광객들이 들고 갈 수 있도록 했다. 전주의 비빔밥을 '어디서든 먹을 수 있는 빵'으로 만든다는 건 공간의 제약을 넘는 새로운 시도이기도 했다.

··· 할머니의 손맛: 전주비빔빵

우리는 하루에도 여러 번 반죽을 버려 가며 '전주비빔빵'을 개발했다. 빵 안에 비빔밥의 맛과 이야기를 담는다는 건 상상 이상으로 어려웠다.

"이 반죽, 물기가 많아서 터져요."
"수입 밀가루로 한번 해 볼까요?"

"아니요. 우리 밀로 가야죠. 의미를 포기하면, 그냥 평범한 빵이잖아요."

우리 밀은 글루텐 함량이 낮고 수분을 잘 머금지 못해, 빵이 쉽게 터졌다. 그러나 실패할수록 할머니들은 더 오기가 생겼다.

"하나도 쉬운 게 없었어. 근데 이거 성공하면, 진짜 우리 이야기가 되는 거야."

중고 오븐 한 대로 시작한 천년누리는 마침내 '특허'라는 결실을 맺었다. 그리고 전주비빔빵은 천천히, 그러나 확실하게 사람들의 입과 마음에 퍼져 나갔다. 우리는 이후에도 유익균이 살아 있는 우리 밀 발효종으로 30여 종의 건강빵을 개발했다. 경쟁력이 없던 노인 인력은 '손맛 있는 장인'으로, 쇠락한 구도심은 '역사 깊은 골목'으로, 비싼 우리 밀은 '안전하고 지속 가능한 곡물'로 그 가치를 드러내게 되었다.

"우리는 그냥 빵 만드는 사람이 아니야. 전주를 알리는 장인이야."

할머니들은 우리 밀에 관해 설명하고, 구도심 이야기를 전하며, 비빔밥을 빵으로 만든 이유를 들려준다. 손님들의 눈이 반짝인다.

"할머니, 저희 엄마 드릴 건데, 제일 인기 있는 걸로 골라 주세요."

"그럼 이거, 비빔빵. 요게 제일 손 많이 가. 내 손맛도 듬뿍 들어가고."

어느새 느리고 경쟁력이 없다고 평가받던 노인들이 천년누리의 얼굴이 되었다. 지금 천년누리는 전주역과 한옥마을을 오가는 길목에서 관광객들에게 전주의 맛과 이야기를 전하고 있다. 비빔빵은 미국에도 수출되었고, 전주비빔면, 전주비빔만두로 제품 라인도 확장되었다. 여전히 수작업이다. 여전히 빠르지는 않다. 하지만 할머니들은 말한다.

"빨리 만든다고 다 좋은 건 아니야. 우리는 천천히, 정성껏, 우리 손으로 만든단 말이지."

사회적기업(social enterprise)은 이윤을 창출하는 영리기업의 특성과 사회적 가치를 실현하는 비영리기업의 특성을 동시에 지닌 기업이다. 사회문제를 출발점으로 하여, 기존의 관행적 방식이 아닌 혁신적인 방법을 통해 문제를 해결하고, 그 과정에서 사회적·경제적 가치를 함께 창출함으로써 사회적 변화를 이끌어 낸다. 사회적기업가(social entrepreneur)는 이러한 사회적 변화와 혁신을 주도하는 사람으로, 다양한 자원을 창의적으로 재조합하고 융합하여 새로운 해법을 제시하는 혁신가라 할 수 있다.

즉, 사회적기업은 전통적인 비영리단체나 수익활동을 겸하는 비영리 조직과는 다르며, 단순히 사회적 책임을 수행하는 영리기업이나 전통적 이윤추구 기업과도 구별된다.

이러한 특성 때문에 사회적기업에 있어 지속 가능한 비즈니스 모델은 핵심 요소다. 수익이 발생하는 과정과 그 결과가 사회적 가치를 어떻게 창출하는지에 대한 명확한 전략이 전제되어야 한다. 즉, 사회적기업의 본질은 동기와 복제 가능성 및 확장성, 혁신, 비즈니스 모델, 투명성, 지역 파트너십, 지속가능성, 사회적 임팩트의 요소를 얼마나 충실히 반영하고 실현하는지에 따라 차별성을 드러낸다.

22

실천가에서 이용자로 이어지는 변화의 나비효과

실천가를 위한 슈퍼비전

사례 제공자 유성은은 가정폭력 피해자, 미혼모, 한부모, 장애인 부모, 수강명령 대상 청소년 등 다양한 집단과 개인과의 만남을 통해 강점관점 해결중심 실천의 놀라운 파급력을 체험하였다. 이러한 경험을 바탕으로 인행연구소 소장으로 일하며, 다양한 실천 현장에서 이용자와 만나는 사회복지사들이 강점관점 해결중심 실천을 통해 행복하게 일할 수 있도록 돕기 위해 교육과 슈퍼비전을 하고 있다.

··· 슈퍼비전을 꼭 받아야 하나요

슈퍼비전을 시작할 때, 실무자들은 이런 반응을 보이곤 한다. 기관에서 의무적으로 슈퍼비전을 받으라고 했지만, 실천가들의 말투와 눈빛엔 분명한 부담감이 담겨 있었다.

"제가 한 상담 내용을 평가받는 것 같아서……, 사실 좀 부담스러워요."

이들은 자신의 실천이 혹시 틀린 건 아닐까 걱정했고, 그래서인지 '잘한 사례만 보여 줘야 하나요?'라는 질문을 조심스럽게 던지기도 했다. 이전에 슈퍼비전을 받다가 지적당한 경험이 있었고 그 기억이 여전히 남아 있었던 것이다.

강점관점 해결중심 슈퍼비전이라는 말조차 그들에게는 낯설고 반신반의하는 대상이었다. 실무는 늘 빠듯하고 벅찬데, 그 안에서 강점을 찾는다는 게 현실적으로 가능하냐는, 그런 복잡한 감정이 그대로 전해졌다.

"슈퍼비전을 받으려면 또 무슨 자료를 준비해야 하나요?"

이용자를 만나는 것만 해도 할 일이 많고 힘든데 슈퍼비전을 위해 별도의 자료를 또 만들어야 하는 것은 아닌지, 행정적인 업무가 늘어나는 것은 아닌지 걱정하며 슈퍼비전에 대해 부담감을 표하는 경우도 적지 않다.

"강점관점과 관련해서 교육도 여러 번 받았고, 공부도 해서 아는 것 같긴 한데 상담을 해도 달라지는 건 없다는 생각이 들어요."

최근 들어 강점관점 실천에 관한 교육이 다양하게 제공되다 보니 슈퍼바이지의 경우 한두 번쯤은 교육이나 워크숍에 참여한 경험이 있다. 문제는 강점관점 실천에 대해 이론적으로는 이해하고 있으나, 실제 이용자를 만났을 때 어떻게 적용해야 할지 모르겠다며 강점관점 실천에 대해 회의적인 반응을 보이는 경우도 많다는 것이다.

"이렇게 해도 안 되고, 저렇게 해도 안 되는데 답을 알려 주세요."

어떨 때는 이용자를 돕는 데 필요한 정답이 슈퍼바이저에게 있다고 믿고, 답을 달라고 요구하기도 한다.

··· 슈퍼비전의 첫 시작

강점관점 해결중심 슈퍼비전은 슈퍼바이저가 정답을 제시하는 것이 아니라, 실천가가 스스로 문제의 해결방법을 찾아가는 과정이다. 이는 마치 강점관점 해결중심 실천에서 이용자가 스스로 해답을 발견해 나가는 방식과 유사하다. 이러한 기존 슈퍼비전과의 차이점 때문에, 실천가들은 혼란을 느끼기도 한다. 그래서 슈퍼비전을 시작할 때 강점관점 해결중심 실천에 대해 일방적으로 설명하기보다는, 먼저 다음과 같은 질문을 던진다.

"선생님께서 실천을 하실 때 가장 중요하게 생각하는 것은 무엇인가요?"
"선생님 본인의 강점은 무엇이라고 생각하시나요?"
"실천가로서 어떤 칭찬을 받아 보신 적 있으신가요?"
"동료에게 선생님의 강점을 물어본다면, 어떤 이야기를 들을 수 있을까요?"

이러한 질문을 통해 실천가는 자신의 실천을 긍정적인 시각으로 바라보게 되며, 슈퍼비전의 시간이 긴장해야 하는 시간이 아니라 칭찬받고 성장할 수 있는 시간이라는 것을 느끼게 된다.

때로는 아주 짧은 역할극을 시도해 보기도 한다. 예를 들어, 우연히 찾아온 이용자와 평소 서비스에 관심이 있던 이용자를 만났을 때, 실천가가 어떻게 다르게 반응하게 되는지를 직접 체험해 보는 상황극을 진행해 본다.

··· 실천가로서 성공과 예외의 확대

실천가가 이용자와의 만남 속에서 경험한 성공과 예외를 발견하고 그것을 확장할 수 있도록 돕는 과정은 매우 중요하다.

'상담이 어렵다'거나 '도움이 되고 있는지 모르겠다'는 실천가가 있다면, 나는 오히려 이렇게 되묻는다.

"이용자와의 만남 중에 잘되었던 순간은 언제였나요?"

"이용자에게 조금이라도 도움이 되었다고 느낀 적은 언제인가요?"

"어떤 시도나 노력을 해 보셨나요? 그 노력이 이용자와의 관계에 어떤 영향을 주었나요?"

"이용자가 원하는 삶을 살아가는 데 도움이 될 수 있도록 어떻게 도우셨나요?"

"이용자에게 여쭈어 본다면, 선생님이 어떤 점에서 도움이 되었다고 말할 것 같으세요?"

"다음번 상담에서는 무엇을 조금 다르게 시도해 보고 싶으신가요?"

물론 실천가들이 이러한 질문에 쉽게 답하는 것은 아니다.

"선생님, 강점관점 실천을 하려고 노력해도, 이용자에게서 변화를 찾기가 너무 어려워요."

"다르게 살고 싶은 점을 물어봐도, 본인은 괜찮고, 자녀가 달라져야 한다고만 해요. 이용자에게 초점을 어떻게 돌려야 할지 모르겠어요."

"저는 강점관점 실천을 하기에는 좀 부족한 사람인 것 같아요."

이용자와 마찬가지로 실천가도 변화의 흐름 속에서 좌절하거나 무력감을 느끼는 순간이 찾아온다. 이럴 때 나는 이렇게 다시 묻는다.

"이용자와의 만남이 정말 쉽지 않았을 텐데, 어떻게 포기하지 않고 계속 관계를 이어 오고 계신가요?"

"만날 때마다 힘든 이야기를 꺼내는 이용자와의 관계 속에서, 선생님이 스스로 무너지지 않고 균형을 잡아 온 비결은 무엇인가요?"

··· 기록의 활용

강점관점 해결중심 실천에 진심인 실천가들은 때로 많은 시간과 노력이 드는 축어록도 기꺼이 제출한다. 축어록을 활용하면 실제 대화의 흐름을 명확히 파악할 수 있어 좀 더 정밀한 피드백이 가능하며, 실천가가 자신의 개입을 되돌아보고 통찰을 얻는 데도 큰 도움이 된다. 이 외에도 과정 기록지나 기관 양식 등 다양한 기록 도구를 슈퍼비전에 적극적으로 활용하는 것은 매우 중요하다.

어느 날 나는 실천한 것을 기록에서 보여 주기 어렵다는 한 실천가에게 이렇게 질문한 적이 있다.

"선생님은 이용자의 성공 경험과 예외를 발견하려고 구체적인 질문을 하셨을 텐데, 그것이 기록에는 잘 드러나지 않았던 이유가 무엇일까요?"

실천가는 이렇게 답했다.

"중요한 목표인 '취업'과 관련된 내용이나 그때그때 일어난 사건 중심으로 요약해서 작성했어요."

"상담이 끝나고 바빠서 기록을 미루다 보니, 이용자가 정확히 무슨 말을 했는지 기억이 안 나서 생각나는 대로 적었어요."

이 대답에 나는 적잖이 놀랐다.

"그렇게 기록하면 실천에 어떤 도움이 되나요?"

"딱히 도움이 되진 않아요. 그냥 기억을 위해 쓰는 거죠. 어차피 기록해야 하니까요."

그래서 다시 물었다.

"그렇다면, 앞으로 기록이 실천에도 도움이 되려면 무엇을 어떻게 다르게 해야 할까요?"

실천가는 잠시 놀란 듯하더니 이렇게 말했다.

“이용자의 말을 잘 기록해야겠어요. 제대로 하려면 상담 직후 바로 작성하는 게 좋겠고요.”

“맞아요. 가능한 한 이용자의 말을 그대로, 따옴표를 써서 옮기는 것이 큰 도움이 됩니다.”

이후에는 꼼꼼하게 작성된 기록 사례를 함께 살펴보며 어떤 부분이 잘되었고, 본인의 기록에는 어떤 방식으로 적용할 수 있을지를 구체적으로 이야기 나누었다.

사례관리 과정기록 사례

* 어머니는 자녀를 양육하는 데 어려움이 있어 가족 상담을 받을 수 있는지 담당자에게 물어보고자 연락하였고, 전화로 30분간 상담을 진행함

무엇이 달라지길 원하는가?

–첫째 ○준이가 둘째 ○민이와 놀아 주기보다 서로 다투는 모습이 많아졌으며, 부모로서 자녀들을 잘 양육하고 싶은 마음에 열심히 말씀을 묵상하고 기도하고 있으나 막상 아이들과의 대화에서 어떻게 행동하고 말해야 할지 어려움이 있음. ‘신앙심 좋은 상담사가 있다면’ 자녀를 양육하는 데 큰 도움을 받을 수 있지 않을까 생각된다고 함

→ 가족이 함께 상담에 참여하여 서로를 이해하고, 가족에게 긍정적인 변화가 있었으면 좋겠음

무엇을 시도해 보았는가?

1. 아이들을 사랑으로 감싸는 말, 용기를 북돋아 주는 말, 따뜻한 말들을 매일 하고 있음

→ 어머니가 그렇게 말함으로써 무엇이 달라졌는가?

예전에는 아이들이 말을 안 들을 때면 화 먼저 냈는데 지금은 화를 내기보다 아이들에게 힘을 주는 말을 하니 어머니 자신부터 마음이 평온하게 됨. 또한 이전보다 아이들과 차분하게 대화를 이어 갈 수 있게 되었음

→ 어떻게 그렇게 할 수 있었는가?

"이전에 많이 우울하고 힘들었던 제 마음이 신앙의 힘으로 완전히 회복될 수 있었어요. 그로 인해 ○준이 ○민이도 예수님이 변화시켜 주시겠다는 믿음이 있어 화내기보다 좋은 말을 하며 때를 기다리고 있어요."

→ 또 무엇을 자녀들에게 해 볼 수 있는가?

지금처럼 따뜻한 말, 용기를 북돋아 주는 말을 하는 것

2. 어머니가 상담을 받을 수 있는 기관들을 찾아보고 연락해 봄

→ 무엇을 알게 되었나?

○○청소년 상담복지센터, 드림스타트에 가족 상담을 받을 수 있는지 확인하였음. 가족이 함께하는 상담은 없지만 개별적인 상담은 가능하다고 답변을 받음. 지금 코로나 19로 인해 기관에 방문하는 것이 조금 어려움이 있다고 함

→ 복지관에도 상담이 진행되는지 물어봤는데 가족 상담은 없으며 코로나로 인해 지금 중단된 상태임을 어머니에게 안내함

→ 가족이 함께 상담을 받음으로써 어떤 것이 변화되었으면 좋겠는가?

며칠 전에 텔레비전 프로그램에서 가족들이 서로 속마음을 이야기하

고 변화되는 모습을 보게 됨. 첫째 ○준이가 예전 아빠에게 맞았던 기억으로 속이야기를 잘 하지 않아 가족 상담을 통해 서로를 이해하고 마음을 보듬어 주고 싶음

→ 어머니가 가족 상담하길 원하는 걸 자녀들이 알고 있는가?

첫째 자녀에게 엄마의 생각을 말했으며, 나쁘게 생각하진 않고 상담이 진행된다면 참여하고자 하는 모습을 보였다고 함

→ (어머니가 말한 신앙심 좋은 상담사를 찾기는 어려울 수도 있음을 전하며) 이전에 상담을 받았던 경험이 있는가?

부모교육을 받은 적이 있는데 전반적인 이야기들로 구성되어 있어 실제로 자기 자녀에 적용하기에 한계가 있었음. 신앙심 좋은 분이면 좋겠지만 진심으로 자녀 양육에 관해 실질적인 도움을 받을 수 있는 분이면 좋겠다고 함. 신앙적으로 많이 의지하는 지인이 있어 어려울 때 자주 통화하며 자녀에 관한 이야기를 나누곤 했음

→ (자녀 양육에 어려움을 함께 나누는 지인이 있음을 격려하며) 최근에도 연락하고 지냈는가?

자녀의 연령대가 달라 직접 도움받기는 어려움이 있으나 힘들 때 마음을 나누고 있다고 함

이용자가 잘한 점

- 스스로 상담 자원을 탐색하여 도움이 되는 정보를 습득함
- 신앙적인 마음과 현실적 어려움에서 부딪히는 한계를 인정하고 자녀와 함께 긍정적인 변화를 이끌어 가고자 노력하는 모습
- 어머니가 자녀를 사랑하는 마음으로 용기를 북돋아 주는 말 등을 지속적으로 실천해 온 점
- 이전의 상담 경험을 통해 자신에게 정말 어떤 것이 필요한지 파악하고 있음

다음 상담까지 서로의 역할

- 어머니는 ○○청소년 상담복지센터에 다시 연락해서 개별상담이라도 진행해 볼 수 있는지 확인해 보기로 함
- 담당자는 가족 상담 진행 기관을 탐색하여 공유하기로 함

사례관리자 의견

- 어머니의 깊은 신앙심을 통해 경제적/심리적으로 어려운 상황들을 극복해 나갈 힘이 생겼다는 것이 긍정적이며 강점이라고 생각함. 지난 상담까지만 해도 어머니만의 신앙으로 자녀들에게 부담을 주지 않을까 걱정하였으나, 이번 상담을 통해 현실에서 어머니가 변화하고자 하는 노력과 의지를 알 수 있었음
- 상담기관 탐색과 연계뿐 아니라 어머니의 노력과 자녀들에 대한 관심에 대해 계속해서 지지하고자 함

··· 변화의 나비효과

"슈퍼바이저가 제가 한 실천을 문제 중심으로 지적하시거나 '왜 이렇게밖에 못 했니?'라고 묻지 않으셨어요. 오히려 제가 해 온 것에 주목해 주시고, 작은 변화도 함께 기뻐해 주셨죠. 그 덕분에 저 자신도 '이것밖에 못 했네.'라는 자책보다는 '와, 나 정말 많이 변화했구나.'라는 느낌을 가질 수 있었어요. 저의 노력을 알아봐 주고, 긍정적으로 지지해 주셨기에 가능한 일이었죠."

실천가들은 종종 자신의 개입이 부족해서 이용자에게 변화가 없

다고 여기며 스스로를 탓하곤 한다. 특히 슈퍼비전에는 대개 가장 다루기 어렵고 힘든 사례를 들고 오기 때문에, 슈퍼비전 장면에서 위축되어 있는 경우가 많다.

이러한 현실을 알기에, 나는 슈퍼비전의 초점을 실천가가 강점관점 해결중심 실천의 효과를 직접 체험하는 것에 두었다. 실천가의 개입 속에서 이미 나타난 긍정적인 변화와 예외적 순간을 함께 찾아내고, 그 과정에서 드러난 실천가의 강점과 노력을 인정하고 칭찬해 주는 방식으로 슈퍼비전을 이끌었다. 이는 단순히 '잘하고 있어요.'라는 추상적 칭찬이 아니라, 실천가가 실제로 어떻게 도움을 주었는지를 구체적인 사례를 통해 함께 확인해 나가는 과정이었다.

이러한 슈퍼비전은 실천가가 강점관점 해결중심 실천을 이론이나 기법으로만 이해하는 것이 아니라, 자신의 실천 안에서 그것의 생생한 효과를 경험하게 한다는 점에서 중요하다.

"선생님이야말로 그 이용자를 가장 잘 알고 있는 전문가입니다. 어떻게 도와야 할지도 이미 알고 계실 텐데요."

이렇게 말하면, 실천가는 조심스럽게 다시 생각하고, 잊고 있던 자신의 역량을 떠올리며 하나둘씩 해결의 실마리를 찾아가기 시작한다. 그리고 슈퍼비전에서 느낀 감정과 배움을 실제 현장에서도 적용해 보기 시작한다.

"이제는 뭔가를 해 드리려 하기보다 이야기를 끊지 않고 들어 드리려고 해요. '그동안 얼마나 힘드셨을까요? 그런데 어떻게 이렇게 다시 일어나실 수 있었을까요?' 그렇게 공감하고 지지하는 방식으로요."

"사례관리 과정에서 그동안 '이용자가 원하는 삶이 무엇인가'를 깊이 묻지 않았다는 걸 알게 되었어요. 지금껏 자원 연계에 집중하느라, 이용자가 스스로 잘해 온 것들에 대한 질문이 빠져 있었더라고요. 그래서 이제는 과정을 다르게 설계하려고 노력하고 있어요."

이처럼, 실천가들은 지금까지 자신이 잘해 왔던 것을 발견하고, 그것을 앞으로 어떻게 더 활용할 수 있을지를 고민하게 된다. 이러한 경험은 실천가로 하여금 '기록'의 중요성도 다시 인식하게 만든다.

"이전에는 사례관리 양식의 빈칸을 채우기에 급급했는데, 이제는 이용자의 일상에서 일어난 작고 소소한 이야기에 더 귀를 기울이게 됐어요. 그러다 보니 자연스럽게 이용자의 노력과 변화를 기록할 수 있게 됐죠."

"기록을 다시 읽다 보면 '아, 나 강점관점 실천을 그래도 잘하고 있었구나.'라는 생각이 들고, 다음 상담에서 어떤 이야기를 더 나눠야 할지도 아이디어가 떠올라요."

실천가들은 슈퍼비전에서 경험한 배움과 변화를 기관 내부 사례회의로 확장해 나가기도 했다.

"사례회의 시간에 어떻게 개입해야 할지 막막할 때면, '선생님이 여기에 계셔서 우리 이야기를 듣고 계신다면 뭐라고 하실까?'라고 이야기를 꺼내요. 그러면 신기하게도 대화 흐름이 강점관점으로 전환되면서, '그럼 이렇게 다시 해 보자.'라는 아이디어가 생겨나요."

사례회의에서 동료들이 어떤 노력을 해 왔는지, 그 노력에 따라 이용자에게 어떤 변화가 있었는지를 이야기하면서 실천가들은 서로의 강점과 헌신을 재발견하게 된다. 이렇게 서로를 인정하는 분위기는 자연스럽게 갈등을 줄이고, 협력적인 관계로 이어진다. 그리고 그 변화는 결국 기관 전체의 분위기를 '성과중심'이 아닌 '사람중심'으로 전환시키는 힘으로 작용한다.

"예전에는 '저 사람 왜 저것밖에 못 해?'라는 시선이 있었는데, 이제는 '이 사람은 이런 강점을 가지고 있고, 여기까지 오기 위해 정말 많이 노력했구나.'라는 시선으로 보게 되니, 저도 마음이 편해졌어요. 그리고 그만큼 갈등도 줄었고요."

강점관점 해결중심 실천은 더 이상 이용자에게만 적용하는 것이 아니다. 실천가들은 점차 자기 자신에게도 같은 관점을 적용하며, 삶의 방향을 재정립하고 일상 속에서 더 중요한 것에 집중하는 방법을 배워 간다.

"곁에서 보니 직원들이 이용자뿐만 아니라 자기 삶에도 강점관점을 적용하더라고요. 그러면서 삶에 대한 생각과 태도 자체가 조금씩 달라지는 걸 느껴요."

"전에는 저 자신에게 너무 엄격했는데, 이제는 문제만 들여다보는 게 아니라 내가 잘할 수 있는 것, 잘해 보고 싶은 것, 지금까지 해 온 노력들에 집중하게 됐어요. 그러면서 저 자신도 변화하고 있다는 걸 실감해요."

슈퍼비전은 라틴어 super(위에서)와 videre(지켜보다)에서 유래한 용어로, 사회복지 현장에서 좀 더 경험이 풍부한 사회복지사(슈퍼바이저)가 실천가(슈퍼바이지)를 지도 · 감독하여 전문성과 실천 능력을 향상시키는 활동을 의미한다.[1] 전통적 슈퍼비전은 슈퍼바이저가 문제점을 파악하고 해결책을 제시하는 방식이다. 이는 슈퍼바이저가 슈퍼바이지보다 더 많은 지식과 해답을 가지고 있다는 전제를 바탕으로 한다.

반면, 강점관점 해결중심 슈퍼비전은 다음과 같은 특징을 지닌다. 첫째, 문제보다 강점에 초점을 맞춘다. 둘째, 성공 경험을 발견하고 확장시킨다. 셋째, 변화 가능성과 성장 가능성을 신뢰한다. 마지막으로, 이용자를 가장 잘 아는 사람은 슈퍼바이저가 아니라 상담을 직접 수행한 슈퍼바이지임을 전제로 시작한다. 이러한 접근은 슈퍼바이지가 자신과 이용자의 경험을 기반으로 무엇이 효과 있었고 없었는지를 탐색하고, 이를 통해 스스로 해결방법을 찾아갈 수 있도록 돕는 과정에 중점을 둔다.

1 양옥경, 이기연, 최소연, 현진희(2010). **사회복지지도감독론**. 양서원.

강점관점 해결중심 실천의 성과와 적용 원리

'강점관점 해결중심으로 실천하는 것이 과연 현실적으로 가능할까요?'

2002년[1] 이후 20년이 훌쩍 지난 지금까지 실천가들이 현장에서 흔히 하는 고민이자 질문이다. 이 책에 담긴 22편의 사례는 바로 이 질문에 대한 살아 있는 응답이다. 이 사례들은 강점관점 해결중심 실천이 단지 선언적 구호나 이론적 이상에 머무는 것이 아니라, 구체적이고 실질적인 변화의 가능성을 열어 주는 실천의 방식임을 보여 준다. 실천가들은 이 관점을 삶과 사람 속에 적용하며, 그것이 만들어 낸 작고도 깊은 변화의 순간들을 공유하고 있다.

1 노혜련 교수는 2002년 2학기에 전국에서 최초로 숭실대학교 일반대학원 박사과정 과목으로 '강점관점실천론'을 개설했고, 뒤이어 석박사과정 과목으로 '강점관점 실천실기'를 개설했다. 이후 사회복지실천 현장에서 '강점관점 해결중심 실천'에 대한 사회복지사들의 관심이 폭발했고 지금까지 강점관점 해결중심 실천을 배우고 적용하려는 노력이 이어지고 있다.

강점관점 해결중심 실천 성과

변화는 사람에서 시작된다: 개인의 성장과 회복

이미 잘하고 있는 나를 발견하다

휴먼서비스 현장에서 만나는 많은 개인과 가족은 자신을 '실패자' '부족한 사람' '쓸모없는 존재'로 여기기 쉽다. 실천가조차 이들을 수동적 존재로 보고, 고치고 바꿔야 할 대상으로 인식해 왔던 것이 현실이다. 하지만 강점관점 해결중심 실천은 이런 시선을 뒤집었다.

이 접근을 경험한 서비스 이용자들은 일상 속에서 자신이 이미 해오고 있는 노력과 성취를 발견하고, 자존감과 자기 효능감을 회복하기 시작했다. 실천 과정은 곧 새로운 자기를 만나 가는 여정이었다.

"내가 부족한 엄마라는 생각을, 이젠 좀 내려놓을 수 있어요." (미혼모)

"'신뢰'죠. 나에 대한 신뢰. 상담사 선생님과 상담하며 나에 대한 신뢰가 생겼어요." (고립 · 은둔 청년)

이러한 회복된 자기 인식은 변화를 지속시키는 내적 동력으로 작용하며, 삶의 방향을 새롭게 설정하고 나아갈 수 있게 했다.

내 삶의 방향을 결정하고 바꾸다

자신의 강점을 인식한 서비스 이용자들은 더 이상 수동적 존재에 머물지 않았다. 이들은 목표를 세우고, 행동하며, 삶을 주도적으로 살아가기 시작했다. 뷰티아트교육과 창업지원사업에 참여한 후 1인

네일숍을 성공적으로 창업한 양육미혼모의 사례는 그러한 성과를 충분히 보여 준다. 지역아동센터의 아동이나 자살 위기를 겪는 이용자의 이야기도 있었다.

"쌤, 이게 제 계획표예요. ……(중략)…… 저 이제 혼자서도 잘할 수 있어요." (지역아동센터 아동)

"그는 점점 달라졌다. 집 안을 정리하고, 직접 커피를 타며 사례관리자를 기다리기도 했다. 동네를 산책하며 계절의 변화를 느꼈고, 독실한 신앙을 되살려 자신을 위해 기도하기도 했다." (중독과 자살 위기를 겪고 있는 이용자)

목표를 향해 나아가는 과정에서 경험한 변화와 성공은 미래에 대한 기대와 동기 그리고 현재 생활의 안정감을 회복하고 취업, 창업, 학습, 관계회복 등 다양한 영역에서 실질적 성과를 거두는 동력이 되었다. 그들은 계속 성장하고 있었다.

관계는 회복되고, 사회는 연결된다: 가족과 공동체의 재구성

가족과 다시 연결되다

인간에게 원초적 환경이자 자원이 바로 가족이다. 가족과의 경험은 한 개인의 생애 전체를 관통하며 영향을 미친다. 그러나 실천 현장에서 만나는 많은 사람은 가족과의 관계가 단절된 상태에 있다. 가족 구성원이 서로의 안전망으로 작동하지 않고 오히려 문제를 더 악화시키는 위험 요인이 되기도 한다.

강점관점 해결중심 실천에서는 개인을 둘러싼 비공식적인 환경과 자원의 활용, 즉 자연적 안전망의 구축을 강조한다. 가족을 '문제투성이'로 보기보다는 가족이 갖고 있는 힘을 드러내어 해결로 나아가게 하는 자원으로 삼고자 한다. 서로의 강점을 발견하고 존중하는 과정은 관계를 회복시키는 열쇠가 된다.

"사실…… 우리 아이는 항상 자기 일을 잘하긴 해요. 오히려 너무 야무져서 제가 감당 못 할까 봐 겁났던 것 같아요." (입양부모)

"선생님, 이번에 딸이랑 시내 나가서 햄버거 먹고 영화 봤어요. 별거 아닌데도 너무 좋았어요." (시설에 자녀를 보낸 어머니)

"아직도 아이들에게 소리 지르는 일이 있지만, 심호흡하며 노력하고 있어요." (아동보호전문기관에서 상담받는 학대가해부모)

"힘들 땐 포기하고 싶다는 생각도 했지만 이젠 모든 가족이 함께 우리 남편을 사랑으로 품을 겁니다. 분명 지금보다 좋아질 거라 믿어요." (종합사회복지관 이용자)

서비스 이용자들은 가족과의 관계를 다시 세워 가고 있었다. 가족은 다시 서로를 지지하고 이해하는 공동체로, 위기를 견디는 든든한 안전망으로 변화하고 있었다.

사회적 관계망을 확장하다

사회적 관계는 자아정체성과 성장의 장이다. 사람들과 어떤 관계를 맺는지에 따라, 즉 서로에게 어떤 기대를 하고 그 역할을 수행하는지에 따라 사회적 자기를 만들어 가게 된다. 또한 인간은 남의 도움 없이 살아갈 수 없다. 모든 인간은 상호의존적일 때 삶을 살아 내고 성장할 수 있게 된다. 결국 사회적 관계는 한 개인의 변화를 가능하게 하는 힘이라고 할 수 있다. 강점관점 해결중심 실천에서는 가족과 함께 개인을 둘러싼 비공식적 환경 간 관계의 상호성 촉진을 강조한다. 실천 결과 서비스 이용자들은 가족을 넘어선 사회적 관계의 범위가 확대되고 상호교류의 밀도도 치밀해지는 변화를 만들어 가고 있었다.

"자조모임에서 있는 그대로의 부모로서 수용받는 경험을 했고, 이는 아이를 바라보는 눈에도 변화를 가져왔다." (입양가족)

"같은 상황에 있는 사람들과 이야기 나누는 게 이렇게 힘이 되는 줄 몰랐어요. 남들 앞에선 말 못 하는 얘기를 여기선 편하게 할 수 있었어요." (양육미혼모)

"진진 씨는 같은 프로그램에 참석하는 이웃의 아기 엄마와 동네 놀이터에서 따로 만날 정도로 친밀한 관계를 맺고 있다. 또래 엄마와 유용한 정보도 나누며 육아에 대한 자신감이 더욱 높아졌다." (이주배경 어머니)

사회적 관계의 확대는 가족 외에도 정서적 지지와 공감, 소속감과 연대를 경험할 수 있는 장의 확대를 의미한다. 사회적 관계의 확대는 이용자 상호 간 경험과 지혜를 공유하고 지지하며 그들의 어려움과 문제를 스스로 해결하는 문제해결 역량은 물론 이용자가 능동적 주체로서 성장하는 데 기여하였다. 이러한 연대의 경험은 이용자에게만 머무는 것이 아니라 또 다른 동료와 이웃에게 확대되는 순환적 변화로 이어졌다.

"3년 차부터는 '여행중' 이용자들이 우울감을 겪는 또 다른 여성들의 멘토가 되는 동료상담가 훈련을 시도했다. 그러나 정형화된 상담 방식은 부담이 되었다. ……(중략)…… 형식보다 관계, 지도보다 동행. '상담가'가 아니라 '함께하는 이웃'으로 존재하는 것. 그것이 오히려 더 깊은 연결을 만들어 냈다. ……(중략)…… 누군가에게 도움을 청하기조차 어려웠던 이들이, 이제는 자신이 누군가의 첫 전화를 받아 주는 사람이 되었다." (종합사회복지관에서의 실천 사례)

"마틴의 상황이 알려지자, 해외입양인 커뮤니티는 빠르게 반응했다. 친구, 변호사, 의사, 활동가가 자발적으로 연결되어 작은 네트워크를 형성했고, 우리는 그를 위한 구체적인 행동을 시작했다. 우선, 그가 안정감을 느낄 수 있도록 일관된 지원 체계를 만들었다. 매주 정해진 요일마다 누군가가 반드시 면회를 가기로 했고, 법무부의 인터넷 편지 시스템을 활용해 정기적인 소통을 시도했다." (해외입양인을 위한 실천 사례)

실천에서 구조로: 마을과 사회를 바꾸는 힘

마을이 함께 돌보는 체계를 만들다

기존의 휴먼서비스는 그 내용의 전문성을 강조하며 발전하면서 공급자 중심, 서비스 분절화의 특성을 견지해 왔다. 이는 서비스 이용자의 접근성과 이용 용이성을 저해하는 요인으로 작용한다는 비판과 함께 서비스 이용자 중심의 통합적 접근을 강조하게 된 배경이 되었다. 자연적 · 비공식적 자원과의 협력을 통한 상호의존적 보호환경 구축을 강조하는 강점관점 해결중심 실천은 원조 과정에서 통합적 접근과 그 맥락을 같이한다. 유사한 서비스 제공 기관이 서로 경쟁하거나 견제하기보다는 서비스 이용자에게 더 적합하고 적절한 내용과 방법을 묻고, 찾고, 논의하고, 협의하는 과정을 적극적으로 수행하여 마을 단위의 협력 플랫폼을 구축했다. 마을이 아이를 함께 돌보는 새로운 공동체를 만들 수 있게 되었다.

"지역 안에서 돌봄기관 간 협력의 중심축이 필요하다. ……(중략)…… 이때 융합형 우리동네키움센터가 자연스럽게 논의의 중심축 역할을 맡았다. 융합형 키움센터는 원래 마을 연계 기능, 즉 돌봄의 사각지대 발굴, 마을 돌봄 네트워크 운영의 역할을 할 책임 있는 기관이었다. 이렇게 시작된 만나고 협의하는 과정은 경쟁이 아닌 협력으로 이어지는 계기가 되었다." (공공기관에서의 실천 사례)

사회를 새롭게 정의하다

강점관점 해결중심 실천은 개인에게 초점을 둔 직접 실천뿐 아니라 지역사회, 사회구조 전반에 걸친 다층적 변화를 지향하는 특성이 있다. 예컨대 개인과 집단을 '문제'가 아닌 '가능성과 성장의 주체'로 보는 것에서 출발하여 이를 문화와 제도, 정책 등에서도 변화의 동력으로 기능하게 하는 데 초점을 둔다. 사례로 소개된 사회적기업 천년누리는 노인 · 지역 · 국산 밀 등 '비효율'과 '약점'으로 여겨지던 요소를 '강점'과 브랜드 자원으로 재정의하고, 고령근로자의 장인 정신과 지역성 · 느림의 가치를 제품에 반영하여 사회적 · 경제적 · 문화적으로 중요한 가치를 창출해 내고 있다.

"우리, 약점을 강점으로 바꿔 봅시다. 우리가 가진 건 어르신, 전주의 구도심 그리고 우리 밀이에요. 모두 시장에서는 비주류지만……, 어쩌면 이게 바로 우리만의 차별성이 아닐까요?" (사회적기

업에서의 실천 사례)

강점관점 해결중심 실천의 적용 원리

문제가 아닌 강점에 초점 두기: 해결중심 접근 활용

주로 철학과 이론으로 발전해 온 강점관점을 실천으로 구현할 수 있는 가장 적합한 방법론은 해결중심 접근으로 인식된다. 강점관점과 해결중심 접근은 모두 개인, 집단, 사회의 문제해결능력을 믿고 실천할 것을 강조한다는 점에서 상호 보완적 관계에 있다. 이러한 이유로 실천현장에서는 강점관점을 실천하는 구체적 방법으로서 해결중심 접근을 적극 활용하고 있다. 앞서 소개된 사례의 실천가들도 예외 없이 해결중심 접근을 배우고 훈련해 오고 있다.

과거의 실패나 현재의 결핍을 집중적으로 묻는 대신 '지금 잘해 온 점, 성공 경험, 앞으로 해야 할 것' 등과 같이 서비스 이용자가 이미 가진 강점과 자원, 해결에 주목하는 질문을 주로 사용한다. 이는 실천가와 서비스 이용자 모두가 문제에서 강점으로 관점을 전환할 수 있도록 한다.

서비스 이용자의 자기결정 따르기

강점관점 해결중심 실천가는 '서비스 이용자가 원하는 것'을 알기 위해 노력한다. 전문가 중심의 실천 과정에서는 실천가가 보는 문제해결에 우선순위를 두었던 것에 비해, 강점관점 해결중심 실천에서는 서비스 이용자의 우선순위를 확인하고 스스로 목표를 수립하고 과정을 이끌어 갈 수 있도록 원조한다. 이러한 실천은 서비스 이용자가 자율성, 주도성을 발휘하는 시작점이 된다.

한편 목표로 나아가는 과정에서 실천가는 서비스 이용자가 이루어 가고 있는 작고 구체적인 성공 경험을 민감하게 발견하고 그 경험을 지속해서 축적할 수 있게 격려하고 지지한다. 일상에서 나타나고 있는 성공 경험을 축적하는 것은 서비스 이용자의 효능감을 강화하면서 자기 삶의 방향을 스스로 결정할 힘을 회복하게 한다.

사회관계망을 주도적으로 만들도록 돕기

사회관계망이 관계 구성원 개인의 문제를 해결하는 것은 물론 사회적 변화를 만들 수 있는 좋은 도구임은 의심할 여지가 없다. 다만, 기존의 사회관계망 구축은 주로 전문가인 실천가가 주도적으로 이끄는 방식으로 운영됨으로써 사회관계망이 갖고 있는 자조, 자생, 자발의 효과를 기대하기에는 한계가 있다.

사례에서는 자조모임, 학습모임, 멘토링, 자원봉사, 단순한 이웃 등 다양한 형태로 사회관계망을 구축한다. 이들 사회관계망은 실천가가 먼저 제안하기보다 이용자가 제안할 수 있도록 한다. 이용자의 필요와 역량에 따라 자연스럽게 관계망이 확장되고 견고하게 만들어질 수 있도록 그 변화를 따라간다. 실천가는 지역사회 안에서 다양한 자원과 기관을 적극적으로 찾아 연결하고, 서비스 이용자와 수평적 관계를 유지하며, 공동으로 해결방안을 모색하는 협력자가 된다.

현장 중심으로 실천하기

강점관점 해결중심 실천가는 공식적인 기관 내 공간보다는 서비스 이용자의 삶의 공간(집, 마을, 학교, 직장 등)을 찾아가 현실적이고 가능한 변화의 방향을 함께 찾고 지원한다. 실천 과정을 정해진 지침에 맞추기보다는 서비스 이용자의 실제 상황과 경험을 따라가고, 기록 또한 서비스 이용자의 노력과 변화 과정을 가장 잘 포함할 수 있도록 변경해 나간다. 실천 과정에서도 서비스 이용자와 함께 변화를 점검하며 필요한 경우 새로운 목표를 수립하거나 서비스를 재계획하는 유연함을 발휘하여 현장 중심, 서비스 이용자 중심으로 실천한다.

창의적으로 개별화된 자원 발굴하기

강점관점 해결중심 실천가는 자원을 좀 더 열린 태도로 바라보고 찾고자 노력한다. 일반적으로 '자원'은 서비스 제공에 필요한 예산, 전문가, 공간 등으로 인식한다. 하지만 강점관점 해결중심 실천은 자원의 개념을 확장시킴으로써 좀 더 다양한 차원에서 개별화된 자원을 발견하고 있다. 이전 성공과 실패의 경험, 지금까지 견뎌 온 인내와 의지, 종교, 때로는 약점과 문제라고 지적받았던 것도 자원(강점)으로 활용한다. 이러한 자원(강점)은 서비스 이용자의 실질적 변화와 회복의 동력이 된다.

강점관점 해결중심 실천가의 정체성

이 책에 등장하는 실천가들은 단순히 문제를 해결해 주는 전문가가 아니다. 이들은 '모든 사람은 문제를 해결하기 위한 강점과 능력을 이미 가지고 있다'는 강점관점 해결중심 실천의 철학을 바탕으로, 사람 안에 있는 가능성과 회복력을 진심으로 신뢰하며 함께 걷는 동행자다. 이들이 지닌 실천 정체성은 다음과 같다.

강점을 발견하는 사람

실천가는 사람 안에 이미 존재하고 있는 강점과 자원을 주의 깊게 바라보고, 그것을 언어로 표현해 주는 사람이다. 때로는 본인조차 잊고 있었던 강점과 자원을 다시 말해 주는 것만으로도, 삶을 바라보는 관점이 달라진다. "그 상황에서도 이렇게 해내셨군요."라는 말은 새로운 회복의 출발점이 된다.

자율적 결정을 지지하는 사람

실천가는 이용자의 삶을 대신 설계하지 않는다. 대신, 자신이 원하는 삶의 방향을 스스로 선택할 수 있도록 곁에서 돕는다. 무엇이 옳고 그른지를 정해 주는 사람이 아니라, 선택할 수 있는 힘과 자격이 이미 자신에게 있다는 사실을 기억하게 해 주는 사람이다. "지금 당신은 어떤 삶을 살고 싶나요?"라고 묻는 그 순간부터, 변화는 시작된다.

존중하는 사람

실천가는 지금껏 살아온 시간 속에서 이용자가 얼마나 많은 노력을 해 왔는지 진심으로 귀 기울이고, 그 모든 순간을 인정해 준다. "정말 애쓰셨네요." "그런 상황에서도 포기하지 않으셨군요." 이런 말 한마디가, 자신의 삶을 부끄러움이 아닌 자긍심으로 바라보게 해 준다. 존중은 언제나 변화의 토양이 된다.

관계의 힘을 자원화하는 사람

실천가는 사람과 사람 사이의 연결이 회복의 열쇠라는 것을 잘 안다. 가족, 친구, 이웃, 지역사회 안에 있는 관계를 자원으로 전환하고, 다시 연결시켜 주는 사람이다. “혼자가 아니에요. 곁에 있는 사람을 다시 바라볼 수 있다면, 그게 시작입니다.” 실천가는 그렇게 관계 안의 회복을 길어 올린다.

작은 성공을 촉진하는 사람

실천가는 크고 거창한 성과보다는 일상의 작은 변화에 민감하게 반응한다. 하루 지각하지 않은 것, 처음으로 약속을 지킨 것, 혼자 감정을 조절해 본 순간, 이런 작지만 중요한 순간들을 놓치지 않고 함께 기뻐하며, 그 의미를 확장해 준다. “그 작은 변화가 큰 걸음이 될 수 있어요.”라고 말하면서 말이다.

기다려 주는 사람

실천가는 변화의 속도를 재촉하지 않는다. 때로는 멈춤이나 흔들림조차도 과정의 일부라는 것을 믿으며, 이용자가 자신의 속도로 걸어갈 수 있도록 옆에서 묵묵히 기다려 준다. “지금도 잘하고 있어요. 너무 급하게 가지 않아도 괜찮아요.” 실천가는 그 기다림 속에서 신뢰를 키운다.

협력하는 사람

실천가는 해답을 제시하기보다, 질문을 함께 만드는 사람이다. “당신이 바라는 변화는 어떤 모습인가요?” “그 변화에 가까워지기 위해 오늘 할 수 있는 건 무엇일까요?” 이런 질문을 함께 고민하면서, 실천가는 늘 옆자리에 앉아 동행한다. 변화는 지시가 아니라, 협력 속에서 자란다는 사실을 누구보다 잘 알고 있다.

이 책에 담긴 이야기는, 바로 이런 실천가들의 태도와 철학을 바탕으로 만들어졌다. 이들은 '사람을 믿는 사람'이고, '가능성을 발견하는 사람'이며, '변화의 동반자'다. 그리고 그 믿음과 태도가 회복의 첫 단추가 되어 준다.

"강점관점 해결중심 실천은 현실에서 가능한가요?"

우리는 22편의 실천 사례를 통해 그 질문에 답했다. 그리고 이제 다시 묻는다.

"당신은, 어떤 강점을 가진 실천가인가요?"

찾아보기

편저자 소개

조소연(Cho So Yeun)은 종합사회복지관과 아동공동생활가정에서 일하고 아동권리보장원에서 아동정책을 연구했다. 현장과 정책, 실천과 연구를 오가며 늘 아이들의 삶 한가운데에 서 있었다. 현재는 사회복지연구소 마실 공동대표로 일하면서, 실천 현장에 대한 연구와 사회복지사에 대한 강점관점 실천 교육을 하고 있다. 좀 거창하지만 '모든 아이가 행복한 세상'을 만드는 데 소망을 두고 있으며, 지금은 소외된 당사자의 이야기를 채록하는 데 마음을 쏟고 있다.

강미경(Kang Mi Kyung)은 가출청소년지원, 아동학대예방사업, 강점관점 사례관리 분야에서 실천하였고, 아동권리보장원 본부장으로 정책개발 및 지원을 했다. 현재, 사회복지연구소 마실 공동대표로 일하며 교육과 슈퍼비전, 연구 등 현장 지원을 하며 33년째 사회복지사로 일하고 있다. 노혜련 교수님과 만난 2002년부터 강점관점 해결중심으로 실천하기 위해 노력하고 있으며 지금은 '돕는 이들을 돕는 일'에 집중하고 있다.

김형태(Kim Hyoung Tae)는 서울기독대학교 휴먼서비스 학부 사회복지 전공 교수로 재직 중이다. 대학원에서 사회복지를 공부하면서 모든 존재의 본질은 선함이라는 믿음을 갖게 되었고, 사회복지 공부를 한 지 30년째 되는 지금까지 이 믿음에 반하는 증거를 찾지 못하였다.

감수자 소개

노혜련(Noh Helen)은 숭실대학교 사회복지학부 교수로 재직하며, 강점관점 해결중심 실천을 바탕으로 수많은 실천가와 연구자를 길러 냈다. 누구보다 현장을 사랑하며 도움이 필요한 곳이라면 어디든지 주저 없이 달려가는 진정한 사회복지사로, 옳은 일 앞에서는 쓴소리도 마다하지 않는 활동가이자 따뜻한 멘토이기도 하다. 현재는 한국학교사회복지사협회와 뿌리의 집, 한국다양성연구소의 이사장과 아동가족복지통합지원센터 대표로 일하며, 여전히 약한 이들 곁에서 든든한 친구로 함께하고 있다.

사례 제공자: 김선정, 김수영, 김영례, 김은녕, 김주미, 박인미, 서동미, 송현종, 양민옥, 옥경원, 유성은, 이선경, 이선숙, 이호경, 임예윤, 임윤령, 장윤영, 정온주, 조소연, 최경일, 추서희, 한분영, 황혜신(가나다순)

당신 안에 이미 있는 힘을 믿습니다
강점관점 해결중심 실천 사례 이야기
Stories of Strengths-Based and Solution-Focused Practice

2026년 2월 5일 1판 1쇄 인쇄
2026년 2월 10일 1판 1쇄 발행

엮은이 • 조소연 · 강미경 · 김형태
펴낸이 • 김진환
펴낸곳 • (주)학지사
04031 서울특별시 마포구 양화로 15길 20 마인드월드빌딩
대표전화 • 02-330-5114 팩스 • 02-324-2345
등록번호 • 제313-2006-000265호

홈페이지 • http://www.hakjisa.co.kr
인스타그램 • https://www.instagram.com/hakjisabook/

ISBN 978-89-997-3628-5 03330

정가 17,000원

엮은이와의 협약으로 인지는 생략합니다.
파본은 구입처에서 교환해 드립니다.